商事信託の組織と法理

木内清章

商事信託の組織と法理

学術選書
137
信託法

信山社

はしがき

　私が，20年あまり勤めた銀行を辞め，信託法の研究を始めてから，早いもので5年以上の歳月が過ぎた。この間，関東学院大学大学院法学研究科にて学び，2013年3月に博士（法学）の学位を授与された論文を基礎にして，本書は成っている。

　研究を始めた当時は，わが国において信託法が改正される前後であり，新しい信託の活用手法についての研究成果にも多数接してきた。このなかで私が素朴に疑問に感じたことは，信託が事業形態に適用されているが，その当事者の権利義務は既存の他形態（株式会社・組合・持分会社等）とどう異なるのか？であった。

　一介のビジネスマンの問題意識からすれば，比較法研究という途も考えられたのであるが，信託の世界は想像をはるかに超えて深く，修士課程の2年間は基礎研究に終始した。20世紀前半の米国基本書にも，信託を事業に適用することは言及されているが，事業遂行を信託目的とすることのみならず，信託当事者関係，さらには信託それ自体を組織として把握してみる発想が自身の中で拡がっていった。

　これへの研究材料となるのが，米国ビジネストラストであった。これは信託法理を基礎に有しながらも，法制上は一般信託とは区別されている。さらに，20世紀終盤からは，各州政府から法主体性を賦与されたスタチュートリ・トラストが生成されて，現在に至っている。博士論文においては，これらを主たる研究対象においたが，その後，わが国信託法の範疇で，かかる概念をいかに解釈していくかを問題意識として考察を進めたのが，本書後半部分となっている。

　商事信託の組織的把握という大きなテーマに対して，研究成果は未だ端緒であり，今後も多角的な切り口と考察の深さをもって臨まなければならないが，ひとまずの区切りとして本書を世に問い，様々な方からのご指導に期待を寄せるものである。

はしがき

　大学院時代は，石原全先生（一橋大学名誉教授），本田直志先生（関東学院大学教授）の両先生に，研究の基礎から導いていただいた。両先生の存在がなければ，研究は頓挫していたかもしれない。言葉で言い尽くせないご学恩に対して，これからも精一杯お応えしていかなければならないと自覚している。

　また，福山達夫先生（関東学院大学教授），本田耕一先生（関東学院大学教授）の両先生からも，暖かい励ましを頂戴し続けてきた。心から感謝申し上げたい。

　信山社の袖山貴氏，稲葉文子氏からは，出版に向けて懇切丁寧なご教示ご配慮をいただいた。初めてお目にかかったときからご縁を感じたが，お二人のご尽力で本書があるものと思っている。

　そしてもう一人，本書を叔父・木内宣彦（元・中央大学教授）に献げたい。子供の頃から，勉強家の叔父の姿をみて，いつかは自分も…と思ったものである。私はまだ，研究のスタート地点についたに過ぎないが，これからも見えない背中を追いかけていきたい。

　2014年3月

　　　　　　　　　　　　　　　　　　　　　　　　　木内　清章

目　次

はしがき

序　章──本書の目的と構成── 3

第1部　米国ビジネストラストにみる組織理論

第1章　ビジネストラスト生成の歴史的経緯 15
第1節　19世紀の経済的背景と法整備 15
第2節　ジョイント・ストック・カンパニーからビジネストラストへの展開 18

第2章　判例法理の展開と分析 25
第1節　信託法理に基づく判断基準 28
第2節　組織論的アプローチによる判断基準 34
第3節　ビジネストラスト独自の判断基準 42

第3章　ビジネストラスト制定法の確立 53
第1節　ビジネストラスト適用分野の特化 53
第2節　判例法理から制定法への移行背景 56
第3節　デラウェア州制定法 60
第4節　スタチュートリ・トラストへの展開 70
第5節　統一スタチュートリ・トラスト法の概要 72

第4章　ビジネストラスト解釈論にみる組織的特性 79
第1節　ビジネストラストの法的特性と一般信託 79
第2節　ビジネストラストに対する契約的把握 88
第3節　契約的把握の問題点 91
第4節　団体的把握とビジネストラストの独立実体化 96

目　次

第5章　信託組織化への基礎法理 ………………………… *101*
第1節　統一スタチュートリ・トラスト法の特性 ………… *101*
第2節　信託法理との相違 ……………………………… *105*
第3節　会社法理との相違 ……………………………… *109*
第4節　新たな組織形態を構築する法理 ………………… *115*

第2部　商事信託組織論

第1章　商事信託の定義 …………………………………… *127*
第1節　商事信託に関する概念 ………………………… *127*
第2節　商事信託と米国ビジネストラストの共通点 …… *135*
第3節　信託財産実質法主体性説 ……………………… *138*

第2章　改正信託法と商事信託 …………………………… *145*
第1節　限定責任信託 …………………………………… *147*
第2節　受益証券発行信託 ……………………………… *148*
第3節　委託者と信託目的に関する法理 ………………… *152*
第4節　委託者の権利 …………………………………… *154*
第5節　信託法145条の法理 …………………………… *156*
第6節　商事信託法理への疑問点 ……………………… *160*

第3章　委託者の意思と信託目的による規範 …………… *163*
第1節　米国における委託者の位置づけ ………………… *164*
第2節　委託者の意思に関する米国学説上の解釈 ……… *166*
第3節　委託者の意思に関するわが国の解釈 …………… *169*

第4章　委託者の地位と組織理論 ………………………… *175*
第1節　委託者を包摂する信託把握論 ………………… *175*
第2節　契約的把握と団体的把握における委託者の地位 … *178*
第3節　権利能力なき財団的把握における委託者の地位 … *183*

viii

目　次

第 5 章　商事信託の基本構造……………………………………… *187*
　第 1 節　新法の問題意識との整合性………………………………… *187*
　第 2 節　委託者の権限重視への評価………………………………… *192*
　第 3 節　結　　語……………………………………………………… *195*

主要参考文献（*199*）
主要判例一覧（*203*）
索　　引（*205*）

商事信託の組織と法理

序　章
——本書の目的と構成——

(1) 問題意識

　現代において，事業を営む組織として一般的に想起されるのは，まず株式会社であろう。しかし，わが国・米国のいずれにおいても，株式会社の歴史は200年にもみたない。そもそも，事業は少人数の相互関係のある者によって営まれる形態から出発し，それが次第に他人から資本を調達し地理的基盤を拡大していった歴史に鑑みれば，事業組織の形態も組合，そしてジョイント・ストック・カンパニー，あるいはわが国では合名会社・合資会社をたどり，株式会社が普及するに至ったものと考えられる。また，資本の調達の仕方も様々であり，現物出資などの形態を経て，次第に金銭の出資が一般的なものとなっていき，また出資者が多数化してくるにつれて個々の持分権という概念が確立し，さらにその流通市場の整備が推し進められていったものと思われる。すなわち，歴史的にも事業組織の形態は，その当事者のニーズによって変遷してきたといえる。

　現代において，企業が資金調達や組織再編などの目的によって，特定財産や事業部門を既存組織から分離独立[1]させる場合，まず一般的な手法としては分社化があげられる。この中には，特定財産のみが実質的な構成要素である特別目的会社（Special Purpose Company）[2]の設立も含まれる。合弁会社

---

(1) この形式としては，会社法467条1項に定める，事業の全部の譲渡（1号），事業の重要な一部の譲渡（2号），事業の全部の経営の委任・他人と事業上の損益の全部を共通にする契約その他（4号）などがあげられる。事業の一部門を分離させて別会社とする場合は，新設分割の他，事業の現物出資の方法などもあるが，いずれについても，株主総会での承認や債権者の承諾などの手続が必要とされる。

(2) 資産流動化を目的として，1998年6月に「特定目的会社による特定資産の流動化に関する法律（旧・SPC法）」が成立し，さらに2000年11月に「資産

序　章

にせよ，特別目的会社にせよ，それが株式会社であれば，資本拠出者（株主）と事業運営者（取締役）の二者関係によって構成される。また，事業財産は株主の手から離れて会社財産となるが，その一方で，株主は会社の所有者として監督機能を有している[3]。

　わが国においても，バブル経済の崩壊以降，事業組織形態の多様化の動きは顕著であったが，その中で，上述の株式会社形態によらない組織再編手段として，信託が果たしてきた役割も小さくない。1つには，資産流動化への対応である。資産流動化とは，弁済責任の主体を特定財産に限定した資金調達手法であるが，この仕組みにおいて，組成者の倒産から対象財産を隔離するためには信託形式が適している。それは，委託者から信託財産が受託者へ移転することによって，倒産隔離が確実となるからである。また，もう1つは，証券化への対応である。資金調達者は，証券市場を活用して多数の者からの出資を募るが，信託形式による受益権も，譲渡可能な流通証券となるからである。

　信託は委託者・受託者・受益者の三者関係を基礎としている。事業財産や部門を分離させようとする仕組みの組成者，すなわち委託者の視点からみると，信託関係を採ることについてはいくつかの利点がある。1つには，専門的な能力を持った受託者に事業運営を任せる利点である。もし会社の取締役の経営能力が高ければ，同様の効果を得られることにはなるが，株主と取締役との間では，財産の運営や処分の基準等について特段の定めはしない。一

　　流動化法」へと改正されている。同法の中でも，信託はSPCと共に，特別目的事業体（Special Purpose Entity, SPE）を構成するものとして扱われているが，その中でも特に，受益権の譲渡流通性が高められているものを，特定目的信託と称している。みずほ信託銀行編『債権流動化の法務と実務』（きんざい，2007年）83-84頁参照。
(3)　この理は，株式会社における出資者である社員，すなわち株主の地位を細分化して，均一の割合的地位としたものが株式であること，そして株式には自益権のほか，共益権として議決権・株主総会決議取消訴権・取締役の違法行為への差止め請求権などの監督是正権限を有することから導かれる。神田秀樹『会社法（第十版）』（弘文堂，2008年）59-62頁参照。

方で，信託の委託者は受託者との間で信託契約を締結し，その中で様々な基準や方法を定めることができる[4]。しかも，受託者がこれらを遵守すべきことは，信認義務[5]によって確実なものとされる[6]。

また組成者は，当初は委託者つまり財産拠出と管理運営の基準設定を行なう存在であり，かつ受益者としてその成果を受ける存在でもあり，1人2役として出発する。しかしその後，受益権を第三者たる投資家に転売することによって，資金を回収して受益者としての立場からは退くこともできる。つまり，投下資金は回収したうえで，委託者としての権限だけは留保するのである。一方，信託の受益者は株主とは異なり，基本的には，受託者の適切な

---

[4] 信託法2条4項によれば，委託者とは，信託契約あるいは遺言もしくは自己信託の方法（これらを，信託行為という）によって信託をする者である。そして，信託における「一定の目的」は，第8条ないし第12条等の特定の制限・禁止事項以外には，委託者によって自由に設定されるものと解される。鈴木正具・大串淳子編『コンメンタール信託法』（ぎょうせい，2008年）38頁参照。

[5] わが国・信託法における，受託者の信認義務の具体的内容としては，善管注意義務（信託法29条），利益相反行為と競合行為を回避すべきことを主たる内容とする忠実義務（同30条ないし32条），公平義務（同33条）が主体となっている。これらの内，善管注意義務について，受託者は，委託者および受益者の信認を受けて，信託目的達成のために信託財産を委ねられているのだから，要求される注意義務の基準としては，自己の財産に対するのと同一の基準では足りず，より高度な注意義務を負うものと解されている。鈴木＝大串・前掲注[4] 118頁。また，米国ビジネストラスト法理における信認義務も，善管注意義務（duty of care），忠実義務（duty of loyalty），公平義務（duty of fair dealing）が中心となっており，やはり善管注意義務に関する慎重人原則（prudent person standard）が要求する水準は，会社法理が取締役に求める水準よりも高いものと解されている。Connolly Bove Lodge & Hutz LLP, Delaware Statutory Trusts Manual, at 22 (2010 ed., LexisNexis,2011).

[6] このことは，信託法29条1項におかれる信託事務遂行義務が，信託の本旨，すなわち信託行為およびその背後にある委託者の意図に従って，信託事務を処理すべきことを定めていることからも分かる。福田政之・池袋真実・大矢一郎・月岡崇『詳解新信託法』（清文社，2007年）187頁参照。

序　章

管理運営を求める権利のみを有する存在である[7]。組成者の側に，最終的な投資家に対して株主ほどの権限は与えたくないとの意図があれば，この投資家を信託関係の受益者と位置づけることは，組織構成上の利点となり得る。

　わが国においても，株式会社以外の事業組織がいくつも存在している。この中にあって，信託を利用していく法的なメリットはどのような点にあるだろうか。これは，事業体を組成する側の視点からすると，株式会社の株主とは法的性格の異なる出資者になれることと考えられる。なお，信託受益権に近い性格をもつもの[8]として，わが国では合同会社[9]の出資持分権も考えられるが，合同会社は少人数構成が基本であるため，市場を通じた大規模資金調達を伴う事業体には適当な形態とはいえないであろう。

---

(7)　これは，受益権の効果は，原則として第三者に及ぶものではなく，受託者に対するものであることを基礎とする考え方である。なお，わが国は英米とは異なり，コモン・ロー上の権原 (legal title) とエクイティ上の利益 (equitable interest) との明確な区別はないが，旧・信託法の起草者は，わが国の契約法体系の中に，信託法理を整合的に位置づけることを前提とし，その結果，債権説が最も適当な理論モデルとされた。星野豊『信託法理論の形成と応用』(信山社，2004年) 143-44頁参照。

(8)　合同会社を含む，持分会社の法律関係は，会社と社員間および社員相互間の内部関係の規律については，原則として，定款自治が認められてその設計が自由である。神田・前掲注(3) 275頁参照。この点は，米国のスタチュートリ・トラストが，外部関係には法定されたルールを用いる一方で，内部関係については当事者間契約を基礎としていることと類似しており，信託とりわけビジネストラストと，LLCの共通項と位置付けられる。

(9)　合同会社は，法人格を有し，株式会社との間で相互に組織変更ができる (会社法743条以下) 一方で，社員は，定款に別段の定めがある場合を除き，持分会社の業務を執行する (同590条)。このように，所有と経営の一致原則があることから，株主総会・取締役会といった機関が基礎になる株式会社とは法的性質を異にし，むしろ後者の観点からは，ビジネストラストに接近するといえる。但し，社員の持分譲渡には，他の社員全員の承諾を要する (同585条1項) ことなど，少人数出資者を前提とした規律がおかれている点は，ビジネストラストとも相違している。相澤哲＝葉玉匡美＝郡谷大輔編『論点解説新・会社法』(商事法務，2006年) 560-62頁参照。

この信託関係によって，財産を保有し証券を発行する媒体組織を規整する法律の枠組みが，わが国と米国では異なっている。米国では，もともと19世紀後半から，ビジネストラストという組織形態が確立している。ビジネストラストの当事者は委託者・受託者・受益者であり，その基本構造は一般信託と同じであるが，受益権を表章する持分証券が発行されて流通する点に特徴がある。さらに，証券取得者が小口化・多数化することによって，受益者と受託者の関係も，一般信託とは変容してくる点も指摘される。さらに，米国のビジネストラストにおいては，弁済責任能力の点で，受託者の管理よりも信託財産の価値に依存する形態がふえ，それらが州政府から法人格を付与されたスタチュートリ・トラストへと発展して，現在に至っている。

　これに対して，わが国では，ビジネストラストという概念は確立していない。このため，この十数年の間に，上述の法的枠組みは，債権流動化法の制定や投信法の改訂[10]など規制業法による対応に委ねられてきた。さらに，2007年に改正された信託法は，ビジネストラストへの法的基礎となる事項（受託者の限定責任，受益権の譲渡流通性など[11]）を織り込んでいる。また理

---

(10)　1998年に「特定目的会社による特定資産の流動化に関する法律」（旧・SPC法）が施行され，これをさらに改正して，2000年に現在の資産流動化法ができている。事前届出のみで特定目的会社（TMK）を設立できることや，委託者が有する信託受益権を分割することで複数の者に取得させることを目的とする「特定目的信託」制度などが定められている。また，投信法とは正確には「投資信託および投資法人に関する法律」であり，平成10年改正によって，会社型投資信託（すなわち投資法人）が認められている。またその後，平成12年改正によって，有価証券以外に不動産などの特定資産へ運用対象を拡大し，現在の投資法人への法的インフラを整えてきた。

(11)　詳細は本文にて後述するが，信託法は事業組織への活用を想定した規定整備がなされており，資産流動化への対応についても，弁済引当が信託財産価値に大きく依存するため，限定責任信託の特例を設けて，受託者自身の責任を限定している。また，多数投資家が受益者として当事者関係に取り込まれ，さらに個々の投資家には中途換金の需要もあることから，受益証券発行信託の特例を設けて，これに対応している。

序　章

論上は，事業信託という概念も唱えられるようになってきた[12]。信託法の用意する上記事項は，上述の資産価値を主体とした資金調達手法に配慮しているものと考えられる。

　本書の目的の1つは，信託による事業組織形態と考えられる米国のビジネストラストおよびスタチュートリ・トラストについて考察し，ある信託が組織化したとする判断規準を求めることである。米国においても，ビジネストラストは当初，株式会社の代替的機能が着目され，判例法理の中で会社類似性規準がつくられていった。やがて，20世紀後半以降の資産証券化の流れの中で，州制定法によるスタチュートリ・トラストが生まれ，その内部当事者関係についての株式会社との異同が，もう1つの規準として確立してきた。この米国ビジネストラストの発展経緯から，信託が事業組織とされるための組織理論を抽出することが，本書第Ⅰ部の目的である。

　ところで，信託では，当初の資本拠出者が委託者である。信託組成の入り口では，委託者は同時に受益者でもあるが，金融資本調達に関する分野では，委託者は受益権を譲渡転売して，受益者たる立場からは離れていくのが通常である。なぜならば，委託者の目的は，長期間にわたって自らが収益配当を受けることにあるのではなく，むしろ，投資家を誘引する仕組みを作りあげて，実際に多くの投資資金を調達することにあるからである。このため，委託者としては，事業をどのように受託者が管理運営するかについて，詳細にわたる定義をつくることが主たる目的となる。

　しかし，わが国で2007年に改正された信託法では，旧法と比べて，信託設定者である委託者の立場が後退している。基本的な発想として，信託が成立した後は，信託に関する権利義務関係は受託者と受益者の間で形成されるとするからである。たしかに，信託設定後は，主たる利害関係を有するのは

---

(12)　事業信託という概念を経営委任との比較で論じたものとして，武井一浩・上野元・有吉尚哉「事業信託と会社分割・経営委任との相違点」商事法務1821号（2008年）106頁参照。また，事業自体が信託財産とみなされて，それに従事する従業員の雇用関係も視野に入れた考察がなされているものとして，田中和明『信託法と信託実務』（清文社，2007年）330頁参照。

受益者であるから，重ねて委託者に権利義務を持たせることは，委託者と受益者の意見対立が生じた場合などに，信託事務の運営に支障をきたすといえよう。

だが，受益者の大半が一般投資家で構成されるような信託にあっては，受託者との情報格差が著しく，受益者によって十分な監督機能が果たせるとは言いがたい。また，委託者は，資金調達手段としてかかる信託を次々と市場で設定していくため，ある信託運営で問題が生じたとすると，それは市場でのマイナス評価を招き，その後の信託設定にも影響してくるだろう。よって，資金調達を完了したとしても，実質的な意味では当事者関係から離脱したとは言えない。このような観点から，委託者の権限重視を核にした信託型組織の模索が，本書のもう1つの目的である。

このため，第Ⅱ部では，米国における委託者に関する学説との対比をふまえて，わが国商事信託に対する多角的な把握をこころみた。この把握方法が，改正された信託法の受益者保護および受託者機能の柔軟化とも整合することを検証し，商事信託の組織的把握論を提唱する。

(2) **本書の構成**

本書は，上述の通り，第Ⅰ部で米国ビジネストラスト，第Ⅱ部でわが国商事信託を考察の対象とする。具体的な構成として，第Ⅰ部は次のとおりである。

まず第1章では，米国でビジネストラストが生成されるに至った歴史的経緯を概観する。19世紀後半，事業規模の拡大への対応として，譲渡性ある証券の発行が求められたとき，これに対応する組織としてはジョイント・ストック・カンパニーが一般的であった。しかし，出資者の有限責任性が確保されないことから，やがてビジネストラストへ分派するものが増えていった。この流れを中心に考察する。

第2章では，米国の判例法理の推移を考察対象とする。当初，裁判上の争点は，構成員の有限責任性を基準にしたビジネストラストと組合との比較であったが，次第に株式会社に準じた団体とみなせるかが争点となっていった。

序　章

ビジネストラストを本来的な信託から切り離し，より会社に準じた組織形態として認識しようとするのが，判例の態度を検討する要点である。また，ビジネストラストに団体性を認識した場合，ビジネストラストの受益者相互には結合関係が存在するか否かが問題とされる。一般的に団体の構成員は相互連携しているが，信託受益権が市場で流通し大多数の受益者が存在するビジネストラストにおいて，各受益者が結合しているとは考え難く，ビジネストラスト独自の概念が必要である。このようにして，ビジネストラストに対しては，会社とは異なる法的解釈が蓄積されていったといえよう。

次に第3章では，20世紀後半以降にみるビジネストラストの適用分野の変化と，これに対応したデラウェア州をはじめとする各州制定法による新たな法的枠組みの特徴を整理していく。ここでは，ビジネストラストは，受託者から独立して把握される法的実体（entity）と定義され，主に対外関係の側面から組織性をそなえていく。さらに21世紀に入り，統一スタチュートリ・トラスト法が整備され，現代のビジネストラストに係る法的基盤が確立してきた。この内容についても，デラウェア州制定法との対比により整理する。

第4章では，上述の法整備により，ビジネストラストへの法的把握がいかに変化していったかを考察する。受益者の不特定多数化と受託者への監督負担の増大は，従来からの委託者・受託者の相互関係を基礎にした契約的把握のみによる解釈を困難にし，団体的な把握が進められていった。各州制定法・統一スタチュートリ・トラスト法は，ビジネストラストを独立実体性のある組織とみる解釈論を確立させたと考えられる。

そして第5章では，統一スタチュートリ・トラスト法の条文を基礎に，一般的な信託とも，また株式会社とも異なる，スタチュートリ・トラストへの法理を考察する。スタチュートリ・トラストにおいては，対外的な責任主体が受託者ではなく，スタチュートリ・トラスト（すなわち信託財産）自体とされ，これに伴い，受託者の信認義務も弾力化している点が，一般的な信託法理と異なる。しかしまた，取締役会や監査役会に相当する執行機関や監査機関が法定されず，かつ受益者は株主（会社所有者）と同質の権限を有さな

い点は，会社法理とも異なっている。

スタチュートリ・トラストは，統括文書（ex ante ＝ 予防的措置）と証券流通市場（ex post ＝ 事後的措置）の両面の規律によって，緩やかな組織構造が維持補強されているとみることができる。なお，スタチュートリ・トラストにおいては，委託者は統括文書の設定により，その背後に後退しているが，その役割の再考は第Ⅱ部のテーマとなる。

以上の第Ⅰ部を総括し，ビジネストラストが組織化するための規準を，外形的な会社代替規準と内部関係的な当事者機関化規準と解している。

一方，第Ⅱ部の構成は次のとおりである。

まず第1章で，本書における商事信託の定義を定める。特に，事業信託あるいは米国ビジネストラストとの異同について明確にする。また，商事信託の基本構造に対する解釈の基礎として，信託財産実質法主体性説を概観する。

次に第2章では，まず，わが国商事信託の法的基盤となる改正信託法の関連条項（限定責任信託・受益証券発行信託）を整理し，また委託者の権限が後退している規定（145条以下）にふれる。この背景となる法理は，委託者の意思あるいは信託財産を主体とする発想から，この信託を受け入れる市場（マーケット）への配慮へと重点を移していることにある。しかし，商事信託の資金調達者である委託者は，信託の存続期間中，円滑な運営が継続されることについて利害を共有しており，信託目的を受託者が遂行していくことへの監督権限は必要とも考えられる。ここでは，新法の法理を整理し，それへの疑問点を提起している。

さらに第3章では，委託者を重視する論拠として，信託目的とは委託者の意思とイコールであるかについて，米国の学説をふまえて考察する。結論としては，信託目的は，委託者を含めた当事者から，独立規範化するものとの見方が有力である。しかし，信託目的設定者としての委託者の地位を，積極的にとらえることはできる。これは，信託自体の把握の仕方と，その中における委託者の役割，すなわち信託目的への関与度合いによるものである。

第4章では，この点を考察する。ここでは，多くの商事信託が信託財産を

序　　章

主体として構成されることに着目して，米国における契約的把握と団体的把握に加えて，その中間的な財団的把握を提起する。米国ビジネストラストは，財団的把握モデルとの親和性が高いといえるが，いずれの把握モデルにおいても，委託者の監督的権限が必要であることを説明する。

最後の第5章では，この委託者重視が，新法の代表的な問題意識である，受益者保護あるいは受託者の信認義務緩和と合致していることを検証する。信託の柔軟性は，信託目的によって枠組みがつくられるものであり，その目的設定者である委託者は，受託者・受益者の利害から独立した立場として，果たすべき役割が大きいといえよう。

また本章では，委託者の権限重視に対して予想される反論とそれに対する見解を述べ，商事信託を受託者対受益者の二極構造から，委託者を含めた立体的な組織として把握する考え方を，社団構成説および財団構成説として示していく。

第Ⅰ部

米国ビジネストラストにみる組織理論

第1章　ビジネストラスト生成の歴史的経緯

第1節　19世紀の経済的背景と法整備

　ビジネストラストの生成の起源は，17～18世紀の英国における信託利用にみることができる。当時の英国において，団体とは，法人格を付与されることによって，①構成メンバーの変動にかかわらない永続性　②その名において財産を取得・処分できる権利主体性　③訴訟における当事者適格性　④対外債務について構成員の有限責任，の各々を獲得できるものと解されていた。ところが，法人格を得ることは，特許主義が中心である当時において容易ではなかった。そこで，法人成りを果たせなかった多くの団体（例えば，各種クラブ，株式取引所，排水工事事業などのインフラ整備のための団体等）は，信託を利用することで，法人成りをしたのと同じ効果を確保しようとしたのである。この信託の利用による具体的な効果は，受託者が死亡しても終了しない永続性，そして受託者を信託財産の形式的な所有者とすることで，団体の財産が構成員の個人財産から分別される点である。このことにより，信託として行なった財産の取得処分行為の効果と責任は，構成員個人とは切り離され，また信託事務の遂行によって生じた債務の弁済引当は，信託財産に限定されることになる。

　一方米国では，18世紀後半の独立戦争以前には，イギリス国王が，株式会社の設立に関する権限を保持していた。当時の米国では，この法的背景として，会社設立のためには王によって与えられた特許状（charter）もしくは議会の権限付与，法の規定解釈のいずれかが必要であるとされていた[1]。しかし，独立戦争以降は英国の影響が小さくなり，株式会社は専ら立法機関によって制定されるべきと認識が変わっていった。米国の独立とともにイギリ

---

(1)　Wilgus,H.L., *Corporations and Express Trusts as Business Organizations*, 13 Michigan L.Rev.73,88（1914）

ス国王の特許状に係る権限は消滅し，株式会社の設立はそれぞれの州に任されることとなったのである[2]。

19世紀前半は，ナポレオン戦争の影響が，米国の海運その他諸企業の膨張をもたらした時期であった。運河の建設が進み，また1830年代になると鉄道の建設も始まり，経済的背景としては，大規模資本を調達する必要性が高まっていった時期である[3]。この19世紀前半には，依然として多くの株式会社が，それぞれの州の立法により賦与される特許状によって設立されていた。しかし，特許状取得の困難さを背景とした英国における弊害[4]を鑑みるに，会社設立に関する一般的法規の必要性が高まっていった。こうした背景によって，1809年マサチューセッツ州で，そして1811年にはニューヨーク州で，それぞれ製造会社法が制定された[5]のだが，これらは，一定の製造業種かつ存続期間20年を超えないものについてのみ設立が認められる，限定的なものにすぎなかった[6]。

ビジネストラストとも深い関連をもつマサチューセッツ州において，当初，法人という存在は一部の個人経営者に対して他にはない権限を与えるものであり，本質的に平等を害するものと考えられていた[7]。だが一方で，経済が急速に発展する中，法人設立の認可を個別手続から一般基準の準則主義へと緩和せざるを得ない状況が生じた。そこで折衷策として，州政府は法の制定

---

(2) 大隅健一郎『新版株式会社法変遷論』（有斐閣，1987年）86頁

(3) Robert S.Stevens, *Limited Liability in Business Trusts*, 7 Cornell L.Q.116, at 130 (1921).

(4) 特許状取得に関わる，詐欺や贈収賄などが多発したことを指す。本間輝雄『英米会社法の基礎理論』（有斐閣，1986年）140-41頁参照。

(5) また，オハイオ（1812年），コネチカット（1817年）の各州でも，製造会社についての会社法が制定される。19世紀中頃には，各州の憲法に，会社の設立に関する特許状の賦与を禁止する規定が採用されたことによって，多数の州において一般会社法の制定が必要となった。

(6) Wilgus, supra note 1, at 90.

(7) Id. at 94.

自体は認めるものの，資本金額[8]，存続期間，事業目的[9]など基本定款の内容に厳しい制限を付することとしたのである。これがマサチューセッツ州の製造会社法にも反映されている。

また，製造会社法は，株主に無限責任を課するものであった。製造業の業況は市況変動によって左右されるため，万が一の場合の債権者の保護を十分に図りたいこと，および，大半の製造業は無限責任を負う個人や団体（組合）によって営業されているため，それと競合関係に立つ有限責任の会社を別個に存在させるのは本来的には好ましくないことが，同法における無限責任の論拠であった[10]。このようにマサチューセッツ州は，株主の無限責任という条件付きでのみ，製造会社の特許申請を認める姿勢であったが，1829年の大恐慌を迎えるまでは経済環境が良好であったため，法人格取得によるメリットが重視されて，会社の設立意欲は旺盛であった。

そのような状況下，1825年に同州リンカーン知事の就任以降，無限責任性の修正が議論され始めた。具体的には，第1に，各株主の責任はその持分に比例したものとすることと，第2に，株式を真正に譲渡した者は，譲渡後一定期間を経過すれば株主としての責任を免除することである。これを後押しするように，無限責任性の維持によって，有限責任を採用する他州へ資本家の資金が逃避していくことを懸念する声も高まり，結局1830年にはマサチューセッツ議会において，会社株主の有限責任の原則が承認されることになる。

その後，マサチューセッツ州での製造会社法制化の流れをみると，1851

---

(8) 授権資本総額に上限がおかれている。また，19世紀後半の各州の会社法では，法人が他の法人の株式を取得することが制限・禁止されていたため，法人同士の結合が不可能な状況にあった。

(9) 大半の事業目的については，1874年事業会社法までには許容されることとなったが，依然，不動産取引については除外されていた。その後，1912年改正法において，この制限は撤廃されることにはなるが，それでも現在に至るまで不動産法人の存続期間は，最長で50年を超えることができないこととされている。

(10) 本間・前掲注(4)166-67頁参照。

年一般製造会社法，1874年事業会社法が制定され，一見，会社設立についての準則主義が進んでいったようにうかがえる。しかし，各立法においては，依然として様々な規制が付されており，法人設立についてのニーズを十分に包含するものではなかった。例えば，1851年一般製造会社法においては，土地取引の禁止[11]などが定められていた。同州では，19～20世紀にかけて大規模資本を集約しての鉄道・電力などのインフラ開発事業がさかんであったため，資本規制にしばられないことが必要な事業分野が多かった[12]。しかし同法は，株式会社に対して，土地取引の禁止，資本の下限・上限の設定，財務諸表の登録などを要求するものであった。鉄道・電力・ガス事業等にとっては，資本の上限規制を回避する必要性も高いため，同法は経済的要請に十分に応えた内容とはいえなかった。事業家をとりまくこのような状況が，次節にみるように，株式会社と別事業形態の模索をおし進め，ビジネストラスト生成へとつながっていくのである。

第2節　ジョイント・ストック・カンパニーから
　　　　　　ビジネストラストへの展開

(1)　ビジネストラストへの発展分化

ここまで，19世紀の米国における状況を概観してきたが，法制面では会社関連法がつくられていった一方で，実際にそれが適用される事例は少な

---

(11)　これは，不動産取引の商業化が投機をまねく弊害，あるいは土地保有が法人所有に集中・固定化される弊害が意識されていたものと考えられる。このことは，教会のような団体に土地が保有され，不動産の相続移転に対する課税が回避され続けられることを問題視した英国の死手法（mortmain statute）に，発想の根本があると考えられている。しかし，Williams v. Milton事件（215 Mass.1（1913））において，不動産を取り扱うビジネストラストについては，パートナーシップや株式会社とは異なる課税客体と考えるべきとの見解が確認され，以降はビジネストラスト形態による土地取引が広まることとなった。

(12)　Sheldon A.Jones et al., *Massachusetts Business Trust and Registered Investment Companies*,13 Delaware J.C.L.421,427 (1988).

第 1 章　ビジネストラスト生成の歴史的経緯

かった。事業の拡大化や資本の大規模化への対応としては，まず組合の拡充が検討される(13)が，組合形態は法人格をもたず，また組織の永続性も満たしていない。そこで次には，会社組織が望まれるのだが，前述のとおり，株式会社の設立が特許状の付与による状況のもとでは，この取得は困難であった。19世紀半ば以降には，一般会社法や製造会社法の制定も進んでくるが，これらは資本の上限規制等を含むものであったため，依然，株式会社の普及が促進されていったとは言い難い状況であった。

　ところで，同時期に英国では，1844年登記法により，ジョイント・ストック・カンパニー(14)に法人格が認められることになり，さらに1856年株式会社法により，7名以上のジョイント・ストック・カンパニーには有限責任が認められていた。また1862年会社法に至る過程で，法人設立の準則主義への移行が進んでいった。

　この英国の流れにならい，米国においても発展した組織形態が，ジョイント・ストック・カンパニーであった。これは，組合と同じく，当事者契約を基礎に設立されるものであるため，法による規制は少ない。その一方で，株式会社と同様に，出資持分を表章する譲渡可能な証券が発行・流通されるため，組合とは異なり，組織の永続性も確保されていた。しかし，本質的には少人数で限定的な事業範囲である組合組織を基礎にしたジョイント・ストック・カンパニーは，人口の増加や植民地の開拓，資源の発見などに伴う大規模な商的発達の要請に対しては不十分な存在であった。また，出資者の有限

---

(13)　Stevens, supra note 3, at 130.

(14)　ジョイント・ストック・カンパニーの生成と特性については，次の文献が詳しい。Margaret M.Blair, *Locking in Capital : What Corporate Law achieved for Business Organizer in the Nineteen Century*, 51 UCLA L.Rev.387, 414-22 (2003). Edward H.Warren, *Safeguarding the Creditors of Corporations*, 36 Harv.L.Rev.509, 510-12 (1922). S.R.Wrightington, *Voluntary Associations in Massachusetts*, 21 Yale L.J.311, 315-16 (1911). しかし，米国ではジョイント・ストック・カンパニーの有限責任性は立法による裏づけを得られなかったことから，この組織形態の利用自体がやがて衰退していくこととなった。Stevens, supra note 6, at 116-17.

19

責任が不確実であることは，必要な資本の集中にとって致命的な欠陥であったともいえる[15]。

19世紀後半から20世紀にかけて，この問題に対する解決策は大きく2つに分けられた。その1つは，株式会社設立に関する準則主義の進展[16]であり，またもう1つが，ジョイント・ストック・カンパニーからビジネストラスト形態への分化であった。後者について，ビジネストラストとジョイント・ストック・カンパニーは，ともにコモン・ローに起源をおく当事者間の契約を基礎にしていた[17]ため，法の整備を待つことなくこの流れは進展した。またこの両者は，集められるべき資本額が定められ，出資証券が発行される点も共通している[18]。このため，ジョイント・ストック・カンパニーの無限責任性を回避するために，受託者を定めて事業財産を信託する動きが多くなっていった。

ジョイント・ストック・カンパニーからビジネストラストへと発展していった典型例としては，土地取引を目的とする事業体があげられる。もともと，ジョイント・ストック・カンパニーの運営は経営者会議に委ねられていたが，やがて信託の形式をとり，受託者へ経営を委ねる形態が多くなってきた。この理由の1つとして，ジョイント・ストック・カンパニーでは，その名において財産取得ができなかったことが指摘される。土地取引のように大規模の資本収集を目的とする場合には，組合のような比較的少人数の関係とはならないため，構成員全員による財産保有という状態は好ましくない。し

---

[15] Note, *The Joint Stock Company and the Problems of the Close Corporation*, 50 Iowa L.Rev.118, 124 (1964).

[16] しかし，19世紀における米国は，株式会社設立については，未だ準則主義への移行が十分ではなかった。例えば，マサチューセッツ州・一般事業会社法（1851年）にしても，資本金額の上限が定められており，土地取引が禁止されていた。これに対応して，株式会社では規制される不動産事業を，出資者有限責任の枠組みで営みたいとのニーズの受け皿とされたのが，ビジネストラストであった。

[17] Hilderbrand, *The Massachusetts Trust*, 1 Texas L.Rev. 127 (1923).

[18] Id. at 128.

たがって，これを解決する手段として，信託形態を利用して，受託者の名において財産を取得・処分することに意義があったのである[19]。

また，出資者たちが組織の債務について，有限責任性を確保しようとしたことも重要な要素であった。ジョイント・ストック・カンパニーの出資者は，組合の構成員と同様に無限責任が原則である。このため，出資者内部の負担割合を調整することはできるが，債権者に対しては無限責任とされるのである[20]。これに対して，信託の受益者は，受託者の負った債務について責任を負わないという信託の一般原則があるため，自らの当事者関係が信託とされることの利点[21]を追求しようとしたのである。

ジョイント・ストック・カンパニーは，組合と違い持分譲渡自由ではあるが，出資者は無限責任であり，また法人格なき団体であるため財産所有ができない。そこで，この形態に信託的要素を取り入れていったのが，ビジネストラストへの分化の起こりといえよう。ビジネストラストにおいては，投資家とは委託者兼受益者のことであり，役員会議の代わりが受託者となる。このような経緯によって，次第にジョイント・ストック・カンパニーから発展分化したビジネストラストが，増えていったものと考えられる[22]。

---

(19) Note, supra n.15, at 123.
(20) Id. at 124.
(21) Hilderbrand, supra note 17, at 152.
(22) また，マサチューセッツ州では，1913年にビジネストラストなどの当事者契約により任意に設立される組織（voluntary association）について，公共事業会社株式の持株比率規制の対象外とする法が制定された。このような動きも，ビジネストラストの有用性を高めている。Sheldon et al., supra note 12, at 427. また，この問題に関して，the Report of Massachusetts Tax Commissioner on Voluntary Association（1912）では，voluntary association は裁判所においてもその法的資格が認識されており，また既に多数の資金がこうした組織に投じられることをふまえると，これに介入して否定することよりむしろ，適切な規制のもと公共サービス会社の株式を保有させることが賢明である，と報告されている。これに関連する判例として，ガス・電力供給事業に関するFlynn事件（302 Mass.133（1939））では，信託がかかる会社の過半数株式を保有することを法が制限するものではなく，国内一般会社が同法ch.156に

(2) ビジネストラストの証券譲渡性

ところで，20世紀初期の米国では，法人格を有さないビジネストラストの合法性について，各州で容認・否認が分かれていた。例えば，1919年にオハイオ州の法務長官は，証券審査委員会に対して，ビジネストラストによる譲渡可能株式（受益権証券）の発行について否定的な報告を行っている。株式会社と同様の組織を取り，しかも法人格を付与されずに法人として行為する団体であるビジネストラストは，同州法に違反すると判断したのである[23]。この問題は，18世紀の英国の泡沫条例以来，継続する議論であり，米国においても，法人格のない団体の証券発行に対する懸念と問題意識は続いてきた。

しかし，この見解は次第に変わり，法人格なき団体による譲渡可能株式発行の合法性が認められるようになっていく[24]。例えば，組合が譲渡性ある証券を発行することはもはや合法であるとしたPhillps v.Blatchford事件[25]や，ジョイント・ストック・カンパニーについて同様の見解を採ったSpotswood v.Morris事件[26]などの判例に，このことは確認することができる。後者の判例では，自由譲渡性の確保によって，追加加入者の受け入れに関する既存構成員による承認（delectus personae）が必要とされないこと，すなわち組合法理の適用がないことについても確認されている。

このような判例を通じて，泡沫条例の効力[27]は公益を害する場合に限っ

より10％以上の株式保有を禁止されるのみである，としている。

[23] 海原文雄「ビジネストラストの法的地位」『英米信託法の諸問題・下巻』（信山社，1993年）12頁。

[24] Wilgus,H.L., *Corporations and Express Trusts as Business Organizations*, 13 Michigan L.Rev. 213 (1915). 譲渡性証券を発行するジョイント・ストック・カンパニー（実質はビジネストラスト）の設立について権限を与える制定法はなく，私人間のコモンロー上の権利行使による契約によって作られるものである，としている。

[25] Phillips v.Blatchford, 137 Mass.510 (1884).

[26] Spotswood v.Morris, 12 Idaho.360 (1906).

[27] 受益権の譲渡性についての歴史的経緯を振りかえると，既述のとおり，

第1章　ビジネストラスト生成の歴史的経緯

て適用されるべきものであり，法人格なき団体が譲渡可能株式を発行することが，コモン・ロー上の違法行為となるわけではないとの原則が確立していった。後述するように，ビジネストラストの形成には，受益証券の発行とその自由な譲渡性が重要な要素である。譲渡可能株式を発行する特権が株式会社に限定されず[28]，広くコモン・ロー上の権利として認められたことは，ビジネストラストが発展する基礎となった。

　英国における18世紀初めの南海会社（South Sea Company）に象徴される大衆資金の投機と，それに引き続く1720年の泡沫条例（bubble act）にさかのぼる。この条例によって，法人格なき団体による譲渡可能な受益権の発行が規制されることとなった。しかしこの泡沫条例は約1世紀後の1825年には廃止されるに至り，これに伴い，法人格なき団体が譲渡可能な株式を発行することについての判例態度も変化していった。例えば1832年の Walburn v. Ingelby 事件（1Mylne and k. 61）では，譲渡可能な株式を発行して資本を集めたとしても，それが必ずしもコモン・ロー上，不法妨害（nuisance）を構成するものではないとされた。さらに1843年の Garrard v.Hardey 事件（ 5 Man. And Gr.471,483）でも，譲渡可能な株式によって構成された joint stock によって事業を経営することは，実務の上で発展してきた現代的な手続であり，譲渡性ある株式を発行したことをもって，この会社の設立が違法とはいえないとの判断をしている。米国も含めて，判例上この見解はしだいに確立し，法人格なき団体による譲渡可能株式の発行は合法であると認められるようになっていった。このことは，譲渡可能な株式を発行する特権がコモン・ロー上の権利として認められていったことといえ，ビジネストラストにおいても，受益権の自由譲渡性が特質とされていくことにつながるものといえよう。

(28)　油田採掘のためのビジネストラストの発行する受益証券が，証券取引の規制法である青空法（blue sky law）で定義される団体の範疇となるか，すなわちビジネストラストは同法における association の1つとして認識されるべきものかどうかが争点となった State v.Cosgrove 事件（36 Idaho.278）では，(イ)ビジネストラストもまた，ある事業を遂行するために，法人化した組織に用いられる方法・形式によって結びつけられたメンバーの団体であること，(ロ)マネージャーによって事業が運営されていること，などからその団体性が認識されている。青空法は規制法との性格もあり，証券発行体となる組織を広く解釈しているが，このことがビジネストラストにも譲渡性ある証券の発行と流通性を付与していく背景となっている。

第 2 章　判例法理の展開と分析

　前章でみたとおり，19世紀当時の米国では，株式会社の設立は，完全に準則主義に移行したとはいえず，制限的にのみ認められる状況であった。このため，株式会社に類似する組織形態を実現するための代替的手段として，ビジネストラストは普及していった。その多くは，組合やジョイント・ストック・カンパニーの構成員らが，受託者を定めて信託契約を結ぶことによって成立させてきたものであるが，この法人格なき団体[29]と取引をおこなう債権者が，弁済責任の追及をしようとする場合に，その責任の所在が明確でなかった。法人格なき団体における責任追及の対象はまず構成員となるが，組合であれば出資者が対外的には無限責任を負う一方，ビジネストラストについては，出資者（受益者）は自らの出資相当額に限定された有限責任のみを負うものである。このため，対象となる組織を組合とみるか，ビジネストラストとみるかが，20世紀前半の裁判における中心的な争点であった[30]。

---

(29)　ビジネストラストは，組合と同様に，当事者間の契約を基礎に成立する組織形態であり，法人格は付与されていない。これは，株式会社やLLCと同様に，営利団体として括られることにより，法理上，事業体として認識されるものである。

(30)　信託であるとされたものとして，以下の判例があげられる。Williams v. Milton, 215 Mass.1, 102 N.E.355（1913）. 受託者が 3/4 の受益者の同意により，信託宣言を変更できる。Mayo v. Moritz, 151 Mass.481, 24 N.E.1083（1890）. 受益者は，共に連携しているわけではない。受益者の同意は meeting によるものではなく，個々の同意が必要であるとする。Crocker v. Malley, 249 U.S. 223, 39 S.Ct.270, 2 A.L.R.1601（1919）. 受託者の権限行使の例外事項が，受益者多数の同意なく，受託者の報酬引き上げができないことと，受託者の欠員補充ができないこと，にとどまる。

第Ⅰ部　米国ビジネストラストにみる組織理論

またその後，20世紀半ばからは，事業主体の多様化と，一般投資家からの資金獲得機会の拡大への需要を背景として，ビジネストラストが投資会社による資金管理媒体[31]や不動産投資事業の資金吸収媒体[32]として活用され

(31) 1930年代の不況を経て，1940年代からは投資信託（investment trust）としてのビジネストラストの利用が再度高まっていった。これには税制面の措置によって左右される部分もあるが，信託の法的特性として会社と異なり，授権資本制度が不要であることも大きい。投資信託の中には，預金類似のマネーマーケットファンド（MMF）のように市場価格の変動と配当分配の双方の要素を含めて，一定の基準価額を維持していく方針の商品も少なくないが，これには投資信託の口数（会社でいう授権資本総額）を増加させていく必要がある。株式会社の場合には，授権資本の増額には株主総会決議が必要であるが，信託であれば，受益者の決議なしに制限のない増資（unlimited issue）をおこなうことが可能である。例えば，Mass.Gen.Law.Ann.ch.182（1987）には「制定法では，ビジネストラストの授権株式数についていかなる制限も設けない」とある。さらに「信託宣言によって，受益者の決議を得ることなしに信託の受益権を無制限に発行する権限を，受託者に与えることができる」ともしている。なお，1940年投資会社法の内容についてはSheldon et al., supra note 12, at 426. を参照。

(32) 1935年のMorrissey事件以降，ビジネストラストを団体とみなしての課税判決が増えていく中で，不動産取引については，ビジネストラストよりも不動産組合（real estate syndicates）が組成されるようになっていった。しかし，実態は会社であるにもかかわらず，法人税を免れる目的から組合形態をとるものも出てくるようになったことから，財務省は1960年にいわゆるKintner regulationとよばれる規制を制定し，有限責任組合の認定を厳格におこなうようになった。このため組合形態をとる目的が薄くなり，再び信託形態による不動産投資が着目されるようになる中で，内国歳入法（Internal Revenue Code）の条項追加という形式で，一定の適格要件を備えた不動産投資信託（Real Estate Investment Trust，以下，REITとする）に対して，法人税免除が与えられるようになった。同法の趣旨は一般大衆の資金を調達するためのフレーム作りであり，そのために課税上も法人税が免除される，いわゆる導管課税が認められるREITが規定されたが，その要件として，組織運営の体制・事業の目的と対象範囲などがこまかく規制されている。組織運営としては，通常の信託と同様に受託者が行なうものであるが，事業の目的が受働的であることが求められるため，不動産管理人がおかれ，受託者から

第2章　判例法理の展開と分析

るようになっていった(33)。さらに，20世紀終盤には資産証券化(34)による資金調達手法の中で，ビジネストラストが信託受益権発行のための媒体として利用されるようになった。これらの利用形態の大半は，財産を拠出する委託者・これを運営管理する受託者・出資金を託して運用収益を受ける受益者の三者関係で構成されている。しかし，財産継承を目的とした一般信託とは，契約当事者の数も相互関係も大きく異なっており，より株式会社に近い存在として，課税当局からも意識されてきた。こうした背景から，20世紀半ば以降のビジネストラストに関する事件の争点は，対象となる団体を株式会社類似とみて，団体に対しても課税をしようとする当局の主張と，これを回避しようと反論する構成員側の主張の対立となり，そのため裁判所は，ビジネストラストについて新たな判断基準を求められるようになっていった。

　以上をふまえて，本章では，まず組合との比較が争点とされた判例を取り上げて，ビジネストラストの有限責任性に関する判例法理を中心に考察する。そして次に，株式会社との類似性が争点となった判例によって，ビジネスト

　　の委任によって不動産の売買や管理などをビジネスとして行なっていた。1960年内国歳入法の内容については，William B.Dockeser, *Real Estate Investment Trusts; an Old Business Form Revitalised*, 17 U.Miami L.Rev.115 (1962) を参照。REITにおける受託者の役割については Parker, REIT trustees and the Independent Contractor, 48 Va.L.Rev.1048 (1962) を参照。
(33)　Dudlet J.Godfrey & Joseph M.Bernstein, *The Real Estate Investment Trust - Past, Present and Future*,1962 Wis.L.Rev.637,638 (1962)。
(34)　資産証券化の定義として，流動性のない貸付債権や取引債権を，流動性と譲渡交換性のある（liquid and tradable）証券に転換することともいえる。そして，これらの証券を保有することだけを目的として設立された法人の信用リスクは，もともとの債務者（借入人や取引債務者）自身の倒産リスクからは分離して考えることができる。これが倒産隔離（bankruptcy remote）であり，いわゆるSPV（Special Purpose Vehicle，以下，SPVとする）を設立して，そこが譲り受けた債権を裏づけとした証券を発行して一般投資家から資金調達を行なう資産流動化スキームの前提となっている。米国においては，このSPVとしてビジネストラストが利用されている。Tamar Frankel, *The Delaware Business Trust act failure as the new corporate law*, 23CardozoL. Rev.325, 344-346 (2001)。

ラストにおける受益権の譲渡性と組織の継続性の特性をみていく。さらに，これらのビジネストラスト法理が，一般信託とどのような点で異なっているのかについて考察する。

第1節　信託法理に基づく判断基準

(1) 有限責任とコントロール・テスト

　組合かビジネストラストかに関する判断基準としては，実質的な権限が受託者にあるか否かがポイントとなる。受益者側（団体の持分権者側）が，受託者の解任・信託条項の変更・信託の早期終了等についての権限を有している場合，受益者とは認められないとする判例は多い(35)。これらの受益者の

---

(35)　信託であることが否定され，実質はパートナーシップであるとされた判例には，次の例がある。Frost v. Thompson, 219 Mass. 360, 106 N.E. 1009 (1914). 受益者は2/3の議決権で，受託者の除名・信託の終了・信託宣言の変更，ができる。Phillips v.Blatchford, 137 Mass.510 (1884).事業は，受託者1人を含む経営会議（board of managers）によって行なわれるもので，受託者以外の他メンバーは，株主によって選任される。Williams v. Boston, 208 Mass.497, 94 N.E. 808 (1911). 財産（不動産）は受託者によって所有されているが，㈤株主たちは受託者を罷免する権限があり，また㈹株主総会で，受託者への権限の付与と指図，信託条項の変更，信託の終了，財産の処分等を決定できる。代表役員会議や経営会議で重要事項の意思決定がなされており，受託者1人の権限では組織の意思決定ができないことに特徴がある。Priestly v. Burrill, 230 Mass.452, 120 N.E.100 (1918).受益者は，毎年総会で受託者の解任決議ができる。Neville v. Gifford, 242 Mass.124, 136 N.E.160 (1922).受益者に留保されている権限は，会議の開催・受託者の除名と増減・信託宣言の変更。結局，受託者が本人として行為しており，実質的な部分で出資者（受益者）のコントロールに服していなければ，その組織はビジネストラストとされる。一方，ジョイント・ストック・カンパニーの出資者たちは，信託の受益者と異なり，"co-owner of the business"（共同事業出資者）である。その他, J.Murray Howe v. Henry H.Chmielinski & another, 237 Mass.532, 130 N.E.56 (1921), George M. Flint v. Edmund D.Codman, 247 Mass.463, 142 N.E.256 (1923), The First National Bank of New Bedford v. Simeon Chartier, 305 Mass.316, 25 N.E.2d

有限責任基準は，受益者から受託者への支配権限の内容を判断の基礎においており，「コントロール・テスト[36]」とよばれる。これは，一般信託における受託者・受益者に関する法理と異なるものではなく，また，ビジネストラスト独自の基準といえるものではない。基本的には，組合法理と信託法理の相違点が前面に出るものと評価されよう。

　判例上，まず問題とされたのは，受益者の有限責任を認めるか否か，つまり対象とされるビジネストラストの本質が，信託といえるか，それとも実質は組合あるいはジョイント・ストック・カンパニーであるかという点である。米国の判例では，連邦最高裁の Taylor v. Davis 事件判決[37]以来，ビジネストラストの受託者は受益者の代理人ではなく，したがって受益者は本人としての責任を負うべき存在ではない，と解されるのが通例となっている[38]。

　この事件では，ホテル建設事業に伴う借入債務について，受託者である原告の個人債務とみるか，それとも担保提供をおこなった被告側（受益者となる相続財産管理人ら）も責を負うかが争われた。本件について裁判所は，信

　733（1940），などがある。
(36)　海原文雄「ビジネストラストにおける受益者の責任」『英米信託法の諸問題・下巻』（信山社，1993年），47頁参照。また，これに反対する見解として，法人格なき営利団体のメンバーは，たとえ受託者への支配権がなくても，パートナーシップのメンバーとして人的責任を負うとするものがある。Hill Jr., *Business Trust: Liability of Shareholders: How Far May Corporate Advantages Be Acquired by Business Trusts?*, 18 Cal.L.Rev.62, 62（1929）.
(37)　Taylor v. Davis, 110 U.S.330, 4 S.Ct.147（1884）.
(38)　同様の判例として，Wells-Stone Mercantile Co.v. Grover, 7 N.D.460（1898）がある。これは，受益者とも扱われていた債権者に対して，原告である受託者側は，自らは代理人であり事業および弁済への人的責任はないと主張した事件である。判旨では，受益者は事業財産の所有者ではなく，債権の保全手段として受益権を得ているにすぎない存在であるとして，両当事者間の関係を本人・代理人と構成することを否定している。また，ManhattanOil Co. v. Gill, 118 N.Y.App.Div.17（1907）は，事業が相続財産管理人によって継続されることを了知していたはずの取引債権者が，受益者の人的責任を追及したものである。ここでも，受益者はパートナー（組合員）ではなく，人的責任は認められないと結論づけている。

託財産自体が契約をすることは不可能であるし，契約は受託者自身の約束に他ならず，よって受託者は人的責任を負うべきものと判断している[39]。さらに，受託者は財産の所有者であり，受託者の行なう業務は，たとえ受益者がそれに伴う利益を受けようとも，あくまでも受託者自身に帰するものに他ならないとしている[40]。

したがって，ビジネストラストの債権者が，受益者に直接，債務の履行を求めても効果はないことになる。信託宣言によって，受託者は事業運営についての権限を与えられており，受益者は信託関係から当然生ずべき権利，例えば受託者の任務懈怠を防ぐことや信託からの収益を受けることなどの権利を有するに過ぎないならば，受益者は債権者に対して責任を負わないこととされるのである。

(2) 受益者の結合関係と支配的権限

受益者が受託者の欠員補充・改選についての権限を有したり，さらには信託条項の修正への同意権や信託終了への指図権など，受託者に対して何らかの支配権を留保する場合でも，依然，このビジネストラストの真の所有者は受託者であるといえるであろうか。

この点についての先行的判例が，マサチューセッツ州最高裁の William v. Milton 事件判決[41]である[42]。この事件の争点は，対象となる団体は信託で

---

(39) Taylor, at 335, 4 S.Ct. at 150.
(40) Id. at 334, 4 S.Ct. at 150..
(41) William v. Milton, 215 Mass.1, 102 N.E. 355 (1913).
(42) 一方，これ以前の判例では，反対の見解が示されていた。その代表的なものとして，Hussey v. Arnold,185 Mass.202 (1904) では，不動産投資・管理のための団体を組合と解している。ここでは，受託者が定められて，信託宣言がなされているが，その内容としては次のとおりである。受託者に人的責任を課す一方で，受益者は信託債務に対して責任がない。受益証券所持者の4分の3の投票により，受託者は更迭され，また死亡・辞任による受託者の欠員は補充される。さらに信託は，受益証券所持者の4分の3の署名により終了できる。このような団体が支払不能に陥り，対外債務の責に任ずるのが誰

あり受益証券所持者の居住地で課税されるべきか，それとも組合であるからその組合の所在地で課税されるべきか，換言すれば，この団体がビジネストラストと認められるか，それとも実質は組合であるとみなされるかであった。裁判所は，これをビジネストラストであり，組合ではないとしたが，その根拠は，受益者はいかなる場合も結合関係にないし，信託宣言上も，意思決定のための総会の開催が規定されていないことであった。

　この判例では，信託宣言の条項の中で，裁判所は受益者の同意のあり方に着目している。つまり，受益者はたしかに信託の変更や終了について，受託者に対して個人的に同意を与えるが，それは受益者から受託者に対するものであり，受益者らが協同する場としての受益者集会は想定されていない(43)。

であるかが争われたものである。判旨では本団体が信託・組合のいずれに属するかについて明言していないが，本件の信託受託者によって生じた債務についての弁済責任がない組織が生じることとなり，公序の観点から問題である，としている。裁判所は，このようなビジネストラストは会社設立に対する一種の脱法行為である，と解しているのである。同様の判例は，William v. Johnson, 208 Mass.544（1911）である。不使用地を処分しようとする鉄道会社がビジネストラストを設立し，その土地を受託者に譲渡した。信託証書上，受託者には受益証券の発行権限が与えられ，一方，受益者は信託財産に対し何らの法的権限を有せず，また分割請求権もない。但し，受益者はその四分の三の署名により，信託存続期間より早く信託を終了させることができる。これについて裁判所は，受益証券が受託者によって発行されて，他の当事者（つまり受益者ら）が事業に参加し土地が購入されたのであれば，受益者らは事業活動に伴う損失ならびに運営に対して，共同の立場におかれ，実質的には組合を形成するものである，と判断している。これらの判例においては，受益者の対外的責任を否定する条項あるいは組織は認められていなかった。

(43)　この点，後述する，わが国・信託法では，受益者集会に関する規定があるが，それでもやはり，受益者から受託者への指図，ました支配権限は限定的であり，ここでの判断基準と相違するものではない。また，米国においてこの判断基準は，第3章以降に後述するスタチュートリ・トラストが確立していく中で修正されていくことになる。スタチュートリ・トラストでは，受益者から受託者に対して一定の指図権限を認めているからである。しかし，スタチュートリ・トラストの財産所有者が受益者となる訳ではなく，むしろ信託財産は受託者からも受益者からも独立した実体と認識されているもので

第Ⅰ部　米国ビジネストラストにみる組織理論

　ビジネストラストか否かの判断基準としては，受益者らが信託条項によって相互に結合していて，その決議事項に受託者が従うものかどうかが問題とされる[44]。もし，受託者が，共同する受益者全体としての指図に従うのであれば，財産の真の所有者は受益者であり，この団体は組合とされる。しかし逆に，財産の運営方法を受託者に指示する権限を持った共同受益者が存在しなければ，受託者が真の所有者であり，この団体はビジネストラストといえる[45]。

　また，この判決においては，受益者に留保される支配権の内容についても示された。つまり，ビジネストラストの受託者がおこなう資金調達や生産販売活動などへの意思決定に対して，受益者が干渉しないことが重要な点と考えられた。株式会社にあっても，取締役の業務執行判断にまで株主が関与・干渉することはないが，ビジネストラストも同様であり，受益者が受託者に干渉することはない。これは，組合における出資者・執行者間の関係と対照的である。このように，受益者の支配権が事業運営そのものへの干渉とならない限りは，当該団体の実体をビジネストラストと解し，したがって受益者に対して，組合法理に基づく人的無限責任を適用しない論理が，コントロール・テストとして以後の判例に影響を与えていくことになる[46]。

　　　あるから，本判例法理と相反すると評価すべきではないであろう。
(44)　William v. Milton, at 10, 102 N.E. at 358.
(45)　Id.
(46)　主要な判例として，Greco v. Hubbard, 252 Mass.37 (1925), State Street Trust Co. v. Hall, 311 Mass.299 (1942), Barkhausen v. Continental Nat.Bank & Trust Co., 3 Ill.2d.254 (1954), などがあげられる。なお，マサチューセッツ州以外の判例としては，次のものがマサチューセッツ・テストを採用したものとしてあげられる。イリノイ州の Barkhausen v. Continental Nat.Bank & Trust Co.3 Ill.2d.254 (1954) では，譲渡当債務について受益者が責任を負担すべきかが争われたが，ここでの判断基準も，受益者が実質的にビジネストラスト運営のコントロール権限を留保しているかに求められた。物件処分についての権限が受益者にあることが，信託条項で定められていれば，その組織の実質はパートナーシップであるとされている。また，ロードアイランド州の Rhode Island Hospital Trust Co. v. Copeland, 39 R.I.193 (1916) では，

第 2 章　判例法理の展開と分析

　このコントロール・テストが確立された判例としては，連邦最高裁による1919 年の Crocker v. Malley 事件判決[47]が著名である。本件は，課税庁に対する納付税金の還付を請求した事件である。上告人（原告，被控訴人）によれば，同人は受託者として信託財産を換価して，受益者である解散会社の株主らに分配する役割を担っているだけであり，それ以上の事業遂行に携わっていない。したがって，ビジネストラストが構成されていたとはいえず，信託に対する課税は不当であり還付されるべきとの主張をしている。

　連邦最高裁は，本件の受託者の機能については，主体的に製造業務を管理することにはなく，単に賃料収入の回収にたずさわるものであり，それを与えられた権限に従って受益者（取引債権者）に配分するだけのものとみとめている。しかし，かかる配分は受託者の裁量によるものであり，また受益者らは受託者に対して共同的な支配権限を持つものではないから，この組織の本質はビジネストラストであって，営利団体すなわち組合ではないと判断した[48]。このことからは，受益者に共同の行為もなく，利益や信託財産に対するいかなる支配権も受益者が有していないときには，組合とは認定しないものと解釈できる。つまり，連邦最高裁は，ビジネストラストが構成されるかどうかについて，受益者らが共同連結されており，受託者に対して何らか

　　受益者らが総会において新たな受託者を選任する権限を有し，また 3 分の 2 の決議によって信託の早期終了をすることができるとしても，彼らの共同とは，事業を遂行することそれ自体ではない。本組織の事業遂行は，あくまでも受託者によって行われているものであるから，これはビジネストラストであり，その受益者はビジネストラストの債務について責任を負うものではない，としている。カリフォルニア州の Goldwater v. Oltman, 210 Cal.408（1930）で扱われたビジネストラストは，抵当権設定（mortgage）・信託条項の変更・信託の早期終了について，受益者 3 分の 2 の賛成によって決議できることが定められている。しかし，受託者の選任・解任が受益者らの任意によってなされるものではないため，受託者が本人として事業を遂行することは確保されているため，本件の組織は組合ではなくビジネストラストであると判断されている。

(47)　Crocker v. Malley, 249 U.S.223, 39 S.Ct.270, 63 L.Ed.573（1919）.
(48)　Id. at 233, 39 S.Ct. at271, 63 L.Ed. at 576.

の支配的権限を有しているかの観点からみているのである。そのような支配的権限が受益者に留保されていない団体は、ビジネストラストとされるのである。

第2節　組織論的アプローチによる判断基準

(1)　オペレーション・テストが求めるビジネストラストの組織性

　上述のように，20世紀初期の判例では，訴訟の対象となる組織がビジネストラストか組合か，またそのことに伴って受益者は有限責任か無限責任か，が中心的な争点とされてきた。しかし，課税処分を不服として提訴される事件によって，ビジネストラストを団体と認識するか否かの判断が争点となってくると，受託者の有限責任性に関するコントロール・テスト以外の判断基準が必要となってきた。ここに，事業の実体性が問われる「オペレーション・テスト[49]」と，それに関連する会社との類似性基準が確立する契機がある。

　オペレーション・テストの先行的判例としては，連邦最高裁による1923年のHecht v. Malley事件判決[50]があげられる。これは，原告一族によって設立された不動産を信託財産とする2つのビジネストラストについて，団体課税の適否が争われた事件である。連邦最高裁は，本件のビジネストラストは実質的には営利団体（association）[51]であると結論付けているが，コントロール・テストで取り上げたCrocker事件の判旨を覆して，ビジネストラ

---

(49)　ビジネストラストの企業的な性格が着目されていくなかで，オペレーションテストは，譲渡性の備わった株式保有者が存在し，この保有者に収益が配分されるという組織の内部構造をとらえた基準である。コントロールテストが，受益者と受託者の当事者の牽制関係をとらえていることと対比される。海原文雄「ビジネストラストの団体性と課税の問題」『英米信託法の諸問題・下巻』（信山社，1993年）125頁。

(50)　Hecht v. Malley, 265 U.S.144, 44 S.Ct.462, 68 L.Ed.949（1923）。海原・前掲注(49)121頁参照。

(51)　ここでは営利事業を営む法人格なき団体，と解する。

第 2 章　判例法理の展開と分析

ストか否かを判断する基準として，営利団体としての活動性をあげていることが着目される。

　本件では，このビジネストラストが「準会社組織」(quasi corporate organization) を構成しており，その結果，1916 年所得税法上の営利団体とみなされるか否かが争われた。連邦最高裁は，まず先の Crocker 事件の判例について言及し，「この事件の受託者は，実際にはいかなる事業も遂行しておらず，単なる保管信託にすぎなかった。したがって，準会社の形態で実際に事業の運営を行なうビジネストラストに対する解釈についての先例とはならない」[52]として，事案の性質の違いを明らかにした。そして，「ビジネストラストの受託者は，単に基金を保管してそれを分配するための受託者であるのみならず，事業遂行のために会社の取締役と同様な方法で，受託者が執行者として行為するものである。この観点からすると，本ビジネストラストは，実質的には所得税法上の営利団体とみなされる存在である。このことは，受益者によって行使される支配の程度いかんとは分離して考えられるべきものである」[53]と判示している。

　本判決[54]でのビジネストラストについての判断基準は，その団体が実質

---

[52]　Hecht, at 149, 44 S.Ct. at 464, 68 L.Ed. at 954.

[53]　Id. at 160, 44 S.Ct. at 468, 68 L.Ed. at 959.

[54]　この判決については，ミネソタ大学 Rottschaefer 教授による批判がある。その要旨は，連邦税法のもとで association であるためには，形式において準会社でなければならず，そのためには，先の Crocker 事件であげられた受益証券所持者間の共同と，彼らにおける支配権の留保が絶対的な要件であるから，オペレーション・テストはビジネストラストが準会社といえるかどうかの判断基準にはならない，というものである。もし，この点にこだわらずに，その運営内容や目的などからビジネストラストを会社と同一視しようとすると，会社組織との接近性が前面にでてくる。会社組織には，株主の代理人である取締役による企業の直接経営との原理があり，株主と取締役との本人・代理人関係が存在しているといえる。しかし，ビジネストラストの受益者と受託者との関係には，かかる本人・代理人関係は構成されないため，矛盾が生じることになる。このため結局，オペレーション・テストによってビジネストラストか否かを判断することは困難であり，むしろ受益者から受託者へのコ

的に事業を運営しているかどうかであり，オペレーション・テストとよばれている。この基準においては，ビジネストラストが営利団体として課税の対象となるためには，事業の運営という受託者の積極的行為が不可欠の属性とされている。

　このHecht事件では，受託者の行なう役割が着目されたが，次第にこれを進めて，ビジネストラストとはどのような属性を有しているかに視点がおかれるようになっていく。その契機となったのが，連邦最高裁による1935年のMorrissey v. Commissioner事件判決[55]である。これは，ゴルフ場の開発と運営のために設立されたビジネストラストに対して，会社と同様の団体課税がなされたことについて，ビジネストラストの受託者である原告が不服申し立てを行なった事件である。原告側は，信託財産である不動産の売買・賃貸，あるいは賃料や収益の受領や借入などの権限を有しているが，連邦最高裁は，本件が団体性を有するビジネストラストであるかを判断するにあたり，原告の権限内容にとどまらず，信託目的に視点をおいている。すなわち，「団体としてのビジネストラストの当事者は，共同事業に参加しているが，これは通常の信託の特性にはない。一般的な信託が特定財産の保有を目的とすることと異なり，ビジネストラストの信託目的は，事業遂行に対する媒体を設けることにある」[56]という点を述べている。

　これは，信託目的に関して，ビジネストラストの目的を一般信託のそれと区別し，事業目的（利潤の追求）を遂行することと，その成果を期待して出資をしようとする投資家に対して，出資財産の受け皿機能を提供することにある，と考えているのである。すなわち，信託目的とは，遂行しようとする事業の具体的な種類や範囲を指すのではなく，出資者の資金を募りまた利益

　　ントロール・テストが適切であるとのことが，批判の要旨である。Rottschaefer, *Massachusetts Trust Under Federal Tax Law*, 25 Colum.L.Rev.305（1925）.
(55)　Morrissey v. Commissioner, 296 U.S.344, 56 S.Ct.289, 80 L.Ed.263（1935）. 海原・前掲注(49)127頁参照。工藤聡一『ビジネス・トラスト法の研究』（信山社，2007年）115頁参照。
(56)　Id. at 353, 56 S.Ct. at 293, 80 L.Ed. at 269.

配当を出すために，営利追求の組織を備えることにあるといえよう。

　以上の，オペレーション・テストに示される概念は，コントロール・テストにおいて示された，受託者に対する受益者の支配権限レベルと対立するものではない。オペレーション・テストにおいても，受益者の位置づけを，実際の事業遂行者や意思決定関与者ではないとしている。ただし，オペレーション・テストでは，受益者自体の役割に着目するのではなく，受益者のおかれる法的な意味での枠組みを判断基準の対象にしている。すなわち，ビジネストラストの組織的な側面に着目しているのである。

　これを具体的に判断する基準として，上記 Morrissey 事件判決では会社類似性基準（resemblance test）[57]が示された。ビジネストラストでは，受益者の権利は譲渡性ある証書によって表章されており，また受益者のビジネストラストについての責任は，出資額の範囲に限定されている。またビジネストラストは，受託者によって終了されない限りは25年間継続するものであり，受託者や受益者の死亡によっては終了しない。ビジネストラストの組織は，このように持分の譲渡性・有限責任性・継続性などの特徴を有している。これらは，類似性基準における受益権の自由譲渡性，継続性，集中的な運営，有限責任性の各特質[58]と一致している。

---

(57)　「コントロール・テスト」や「オペレーション・テスト」と比べて，「リゼンブランス・テスト」という表示はあまり用いられていないため，本稿においても，以下，"類似性基準"あるいは"会社類似性基準"と表記する。

(58)　株式会社の特徴であり，かつビジネストラストにも共通の事項としては，多額の資本を収集する能力，有限責任，経営の集中，の各点であるとされる。Wrightington, *Voluntary Associations in Massachusetts*, 21 Yale L.J.389（1912）を参照。また，経営の集中的な統合がない組織では，資本に対する持続的コミットは困難とする見解もある。これについては，Blair, supra note 14, at 413 以下を参照。これらは，米国株式会社の法的要件としても例示される。ロバート・W・ハミルトン（山本光太郎訳）『アメリカ会社法』（木鐸社，1999年）32-34頁参照。

(2) 受益権の自由譲渡性

上述の類似性基準の中でも，受託者による集中経営および受益者の有限責任性については，そもそも組合やジョイント・ストック・カンパニーから分化して，ビジネストラストが生成されていく際の根本的な要件でもあり，当初から充足されてきたといえる。よって，この段階として，より重要な点は，受益権の自由譲渡性およびそれに基づく組織の継続性であろう。ビジネストラストの適用事業が大量の資金を集めるためには，個々の出資者の自由な脱退を確保する前提が必要である。また，特定の出資者の死亡・脱退には関わらずビジネストラストの事業が継続する点も，出資者からすれば重要である。このような観点からも，その後の判例において受益権の自由譲渡性が争点となるものが多いことが理解される。

上述のMorrissey事件で示された類似性基準[59]は，その後の判例にも採用されている[60]。その一例となるのが，マサチューセッツ州最高裁のState

---

(59) 例示として，医師による共同クリニック経営が，課税適格の営利団体であるか争われたPelton et al. v. Commissioner, 82 F.2d 473（7th Cir.1936）では，課税当局の処分に対して，原告らは，手術や治療行為に必要な動産を受託者として管理し，また報酬を受益者として受け取ってきたことをもって，ビジネストラストとはいえないと反論した。連邦控訴裁判所は，団体性の要件として，利益のための事業体を運営していること（オペレーションテスト）と，実質的に株式会社への類似性を有していること（類似性基準）をあげ，類似性については継続性・経営の集中・有限責任性・持分証券の譲渡性が構成要素であるとした。

(60) ただし，必ずしもすべての判例がこの基準を重視しているわけではない。例えば，Main Street Bank事件（Collector of Internal Revenue v. Main Street Bank, 174 F.2d 425（1949））でも，ビジネストラストが所得課税の客体である団体となる要件として，(イ)事業を遂行する組織であること（vehicle for carrying on a business enterprise）(ロ)株式会社組織に類似する特徴をもっていること，をあげている。しかし，類似性基準については，何か一つの要素が欠落することをもって，当該ビジネストラストを課税客体としての団体か否かの決定的な判断基準とみなすものではない，としている。つまり，事業を行うための団体としての設立が認められていれば（created to permit an enterprise to be carried on）課税客体としての判断を免れない，としている。

第2章　判例法理の展開と分析

Street Bank事件判決[61]である。本事件の争点は，経営破綻した不動産事業についての解散請求が認められるか否かであった。債権者かつ受益者である銀行は，受託者に対して求めた解散請求が認められず，時間を徒過したために，信託財産の劣化を招いたと主張した。一方，受託者側は，本件団体はビジネストラストであるから，受益者にはかかる権限は認められないと反論した。もし逆に，銀行側の主張するように当該団体が組合であれば，構成員（銀行）からの解散請求は認められることになる。

　マサチューセッツ州最高裁は以下の観点により，これをビジネストラストと認めて受託者側を支持している。第1の点は，構成員たる資格が，他の構成員の選択によって決定されるのではなく，持分権の保有という事実によって，客観的かつ一律的に定まることである[62]。組合においては，まず設立段階で誰を組合員とするかは，それを構成しようとする者の自由な選定にかかっているし，また設立後も，追加加入者への可否判断について同様の自由が存在している。しかし，ビジネストラストにはこうした要素はない。ビジネストラストでは持分の譲渡制限はなく，持分権保有者は譲渡によってビジネストラストからの離脱ができるし，持分権を譲受した者は，譲渡人の権利を受け継ぐことになる。本件の団体は，この自由譲渡性をみたしているのである。

　第2の点は，受益者の権利は譲渡されるから，受益者の死亡や離脱によって団体の継続性が途切れることがないことである[63]。本件ビジネストラストの信託宣言上も，受益者の死亡によって信託は終了しないことが明文化されている。

　さらに第3の点として，既存の受益者には，ビジネストラストを終了させ

---

(61) State Street Trust Company & others v. John L.Hall & others, 311 Mass.299, 41 N.E.2d 30 (1942). 工藤・前掲注(55)96-97頁では，本判決の意義として，持分の自由譲渡・集中的経営などの要素をそなえたビジネストラストを準法人（quasi corporation）として把握したところにもある，と評している。
(62) Id. at 302, 41 N.E.2d. at 33.
(63) Id.

たり信託財産の分配を求めるコモン・ロー上の権利がないことがあげられている[64]。ビジネストラストの受益者は，利益を求める投資として，遂行される事業リスクをとっているものであるから，事業を終了させようとする立場にはないものと解することもできよう。

　以上の観点は，受益権の自由譲渡性と事業の継続性として括ることができるが，ビジネストラストはこのような特性をもつからこそ，事業に必要な資金を外部債権者からも長期間にわたって借り入れることができるのである。現在の受益者の保有継続意思にかかわらず，ビジネストラスト自体は存続することが，それに与信を行なう金融機関にとっては重要であるが，受益権の自由譲渡性によって，この法的性格が確保されている。

　ところで，受益権の譲渡による内部の当事者関係については，会社法における株式譲渡に関する法理が存在する。それは，受益者が自らの持分権を受託者の同意や通知なく譲渡できる[65]原則に関わらず，受益権が少人数で保有されている場合には，まず受託者に買取り打診をしたうえでなければ受益権は譲渡できないとの条項が許容されることである[66]。これに関しては，過半数出資比率をもつ他の受益者の同意なければ譲渡できない，との条項が認められている判例[67]もある。

　この点について示した判例が，Kurzner事件[68]である。この事件は，医師団体を組合と解して，原告（控訴人）へ課税した当局の処分が不服として争われたものである。原告側は，Kinter事件[69]を契機に1960年に制定され

---

(64)　これに関する判例として，Henry S.Howe v. Charles W.Morse, 174 Mass. 491, 55 N.E.213（1898），および，Thompson H.Peterson v. Howard C.Hopson, 306 Mass.597, 29 N.E.2d.140（1940），など。

(65)　Id, at 19. Southeast Village Assocs. v. Health Management Assocs., Inc., 92 Ill.App.3d 810（1981）.

(66)　Id, at 20.

(67)　Douglass v.Safe Deposit & Trust Co., 159 Md.81（1930）.

(68)　Howard A.Kurzner v. United States of America, 413 F.2d 97（5th Cir.1969）.

(69)　United States of America v. Arthur R.Kinter, 216 F.2d 418（9th Cir.1954）.

第 2 章　判例法理の展開と分析

た，会社としての 4 つの認定基準[70]を充たしていることを論拠に，当該団体は組合ではなく，ビジネストラストを組成していることを主張した。連邦控訴裁判所は，この主張を容れ，譲渡先を専門職（医師）に限定し，譲渡承認を持分権者の過半数賛成に求めるとしても，それは多くの非公開会社が株主に付している制限とくらべて厳しいものではない，としている[71]。そして，組織に対して譲渡自体を事前に告知することや，既存出資者へ公正な価格での先買権を与えることなどの修正譲渡性（modified transferability）は，団体性の肯定を妨げるものではないと判示している[72]。

また，自動車修理・部品販売業を行なうビジネストラストについてのGiant Auto Parts 事件[73]では，受益権の譲渡希望者は，価格裁定委員会により決定された価格で，まず団体自体へ買取り申し出をすることが信託条項で決められている。しかし，団体が買い取らなければ誰に対してでも自由に売却してよいとされているため，この条項は自由譲渡性を妨げるものではないと判断された。このことから，公正な価格が算出される仕組みがあり，受益者にとっての資金回収手段が提供されている限りは，自由譲渡性は制限されないものと考えられる。

また同じく，自由譲渡性が争点となった Larson 事件[74]でも，連邦租税裁判所は次のように述べる。他の構成員に公正な市場価値で買取り申し出をしたうえでのみ，組織外の者への譲渡が可能になるとした場合，これは修正自由譲渡性と解される。しかしこれは，会社類似性を判断する際に重要な要素ではなく，譲渡性という要素が確保されることに変わりはない。本件におけ

　　　本判決も，先の Morrissey 事件と同様に，法人類似性を基準に判断を行ない，またその直接の影響により，財務省規則が改正されることとなった。工藤・前掲注(55)116 頁参照。
(70)　いわゆる Kinter Regulation である。Treas.Reg.§§301.7701-1 to -11 (1960), T.D.6503, 1960-2 Cum.Bull. 409.
(71)　Howard A.Kurzner, 413 F.2d at 107.
(72)　Id. at 108.
(73)　Giant Auto Parts Ltd. v. Commissioner, 13 T.C.307 (1949).
(74)　Phillips G.Larson,et al.v. Commissioner, 66 T.C.159 (1976).

るこの条項の趣旨は，公正な市場価値で持分権が譲渡移転されることを担保しようとするものであり，通常の組合契約にみるような，関係当事者が事業への参加者を選別しようとする意図ではない。したがって，本件については，自由譲渡性を有していると判断できる[75]。

なお，連邦租税裁判所は，持分の自由譲渡性に関して，他の構成員の事前同意を得ることとしている条項が自由譲渡性の範疇といえるか否かについても，被告の抗弁を容れ，かかる事前同意は形式の問題であり，実質的に影響力をもたらすものではないと判断している[76]。持分権者が，自らの地位を組織外部の者に交替させる権利を有している限りは，単に様式上・形式上の譲渡条件が存在していても，そのことは自由譲渡性を妨げるものではないという実質論に立っているのである。

以上の判例法理にみるように，既存受益者の地位の移転が，他の受益者や受託者から妨げられないことをもって，受益者のもつ自由譲渡性と解することができる。この自由譲渡性に関連して修正譲渡性という概念もでてきたが，これは構成員の最低限の資格要件や公正な譲渡対価を確保することが主眼であるから，受益者が自らの地位を第三者に代替させようとする自由譲渡の本質と，矛盾するものではないと考えられる。

第3節　ビジネストラスト独自の判断基準

(1)　一般信託との相違点

これまで概観してきたとおり，20世紀半ばまでには，当初の論点であったビジネストラストの受益者の有限責任性については，判例の中で確立されていった[77]。そして，これまでの判例の態度を総括すると，ビジネストラ

---

[75]　Id. at 183.
[76]　Id. at 183.
[77]　20世紀半ば以降，課税事件や倒産事件を中心として，ビジネストラストの法的意味に関する判断基準は，2つの方向に分かれてくる。1つは，Morrissey事件でも示された会社に類する特性を有しているかによる判断であ

ストの枠組みを、会社という営利団体に接近させて捉えようとしていることが分かる。この解釈範囲は広く、例えば類似性基準の１つである受益権の自由譲渡性に関しても、上述のとおり、判例はある程度の制約付きでの譲渡性をも容認しているものであった。これらは、修正自由譲渡性とよばれるが、非公開型の会社組織にも一般的に容認されているものである。

　しかし、これだけでは、ビジネストラスト自体を会社になぞらえていることになる。本来的には信託に立脚した存在であるビジネストラストに対して、どのような論理をもって団体性を認めているのか、換言すれば、一般信託とビジネストラストとの相違点をどこにみているのかについて、明確にする必要がある。

　特に、20世紀後半以降は、組合との違いよりも、一般信託との違いに係る判例が増えている。これには、経済的な背景として、証券市場による資金調達手段が発達したことによって、ビジネストラストを通して行なう事業が、大規模かつ大多数の受益者（投資家）を求めるものへと変化してきたことが大きな要因であろう[78]。特に、不動産取引に関して、ビジネストラストで

　　る。Pope & Cottle Co. v. Fairbanks Realty Trust, 124 F.2d 132 (1941), In re L&V Realty Trust, 61 B.R. 423 (1986), などはこの観点を示している。またもう１つは、信託証書上の条項にはかかわらず、実質的に事業活動が営まれているかどうかによる判断である。例として、In re Dolton Lodge Trust No. 35188, 22 B.R.918 (1982)。

(78)　証券市場の発達と、企業の資金調達手段の多様化は、複合的にとらえられる。具体的には、例えばリース会社が自らのリース債権を集合化して、この総体から作出されるキャッシュフローを利払・償還財源と見立てての証券発行などがあげられる。この証券は、信用リスクのレベルによってクラス分けされて、一般投資家の投資対象商品とされることもあるが、その場合は、流動性（換金性）が確保されることが必要であるため、証券市場を介しての証券発行・流通が求められる。米国においてビジネストラストは、この資産証券化の仕組み＝器として、20世紀後半以降、用いられてきた。この点については、大海徹「資産の流動化・証券化における信託の役割」（信託法研究第18号（1994））76頁、時友聡朗「信託を利用した資産流動化・証券化に関する一考察」（信託法研究第19号（1995））6頁。また、わが国でもこの形態は、

第Ⅰ部　米国ビジネストラストにみる組織理論

あるREIT（Real Estate Investment Trust, 不動産投資信託）[79]の選択による課税上の恩恵措置が各州で採られるようになったことは，組合形態，あるいはこれにこだわる必然性を小さくさせていった[80]。このように，ビジネストラストの構成の変化，具体的には証券市場の利用と多数当事者の存在によって，20世紀半ばまでにみた判例法理がどのように変化していくかについて，以下考察する。

20世紀後半から近時にかけて，不動産投資の資金吸収媒体として，あるいは倒産した債務者の財産分離手段として，ビジネストラストが利用されるようになってきた。ところで，不動産取引を目的として設定される信託は，名目的信託（nominee trust）[81]と称され，投資家にとっての所得税控除と，不動産売買や借入に関する契約関係の簡素化[82]を目的としている。この信

商事信託の一類型（転換型）として認識されてきた。神田秀樹「信託業に関する法制のあり方」ジュリスト1164号25頁。
(79) REIT（Real Estate Investment Trust, 不動産投資信託）の定義については，Dockeser, supra note 32, at 124．また，REITと認められる要件については，Dudlet, supra note 33, at 644-47参照。
(80) 組合の形態をとる必然性が少なくなってきた背景としては，1つには，不動産投資手段として，1940年代からのシンジケーション，そして1960年代からのREITの発達がある。Dudlet, Id. at 641-43. またもう一つには，株式会社設立の一般化である。特許状の獲得と州政府による規制から，準則主義による自由な会社設立機会の提供への変化と，それに伴う設立上の手続・コストの軽減が，非公開会社も含めて一般化していく要因となった。Joseph Shade, Business Associations, at 59（3rd ed., West, 2010）．
(81) 名目的信託は，完全な受託者受働型（passive）な信託とはいえないと考えられる。わが国においても，資産流動化スキームにおける信託でも，オリジネータや受益者（投資家）が信託財産について各種の行為をなすことを容認することが受託者にとって義務付けられているわけではなく，受託者は一応は信託財産の処分権・管理権を有しているから，かかる信託も単なる受働信託とは異なるとみる見解がある。神作裕之「資産流動化と信託」ジュリスト1164号64頁，66頁参照。
(82) 受託者は，持分権の多数によって指図された程度と方法によって，不動産投資業務をおこなう権限を与えられている。また持分権者は，受託者によっ

託の運営事業が失敗して破綻に至った場合，この事業に係る債権者にとって，信託財産は優先的な引当財産とみなすことができるかどうかが問題とされる。連邦倒産法第11章[83]においては，債権者からの隔離を受ける「人」(persons) の中に含まれる会社の範疇に，ビジネストラストは該当している。つまり，当該信託は倒産法上の隔離対象となるビジネストラストか，それともこれには該当しない一般的な信託なのかが論点となるのである。

これが争点とされた事件は多いが，その1つとして，換価処分からの財産隔離を求めて，信託目的を論拠にビジネストラストであることを主張した In re Mosby 事件[84]があげられる。本事件の債務者側は，上述の連邦倒産法の適用を念頭におき，自らはビジネストラストの受託者であると主張したのである。連邦破産裁判所は，債務者側の主張を受け入れたうえで，ビジネストラストは法解釈上，また立法趣旨からも，特別な法主体であるとし，会社的な性質のものと定義した。そして，ビジネストラストの受益者は，自発的に資本拠出を行なっているから，財産の保全自体を信託目的とする一般信託の受益者とは，異なる存在であると示している[85]。

一方，同様の争点となった In re Vivian A.Skaife irrevocable Trust 事件[86]では，連邦破産裁判所は，問題となった信託をビジネストラストとは認められないとした。財産を保全する目的がまず第1であり，事業をすることはいくつかの選択肢の1つであるだけでは，ビジネストラストとはいえないと判断したのである。また，In re Matter of Betty L.Hays Trust 事件[87]でも，

　　て登録される信託証書（schedule）に記載されることや，持分権譲渡においては，まず他の受益者に先買権（first refusal）を与えることが定められている。

(83)　The Bankruptcy Code, per 11 U.S.C. §109(d)(1978 & Supp.2005) では，同条項でいう人（persons）とは個人と組合，法人（corporation）を含むと定義し，さらに§101(8)では，この法人には，法人格なき社団（unincorporated company），ビジネストラスト，の各々を含むと定義している。

(84)　In re John C.Mosby, 46 B.R.175 (1985).

(85)　Id. at 177-78.

(86)　In re Vivian A.Skaife Irrevocable Trust, 90 B.R.325, 328 (1988).

(87)　In the Matter of Betty L.Hays Trust, 65 B.R.665 (1986).

更正手続申立てとそれに伴い信託財産を換価処分から隔離することの適否が争点とされた。連邦破産裁判所は、事実として収益をあげていたかどうかが決定的な要素ではなく、出資者に対して示される目的が利益をあげようとするものかどうかが問題であるとしている[88]。

これらの判例からは、ビジネストラストを一般信託と区別する観点として、事業を行ない利益を配分する目的が明確であるか否かが重視されていることがわかる。その他、ビジネストラストとしての目的が明文化されていないことのみによって、ビジネストラストか否かの判断を下さないまでも、事業としての実体がないことをもって認定が否定された判例[89]、あるいは逆に信託条項の定義に符合する受託者による事業遂行の実体が評価されて、ビジネストラストと認定された判例[90]がある。

また、同様の視点に基づく判例として Medallion realty Trust 事件[91]もある。管財人側は、不動産投資を行なってきた当該信託について破産手続上、信託財産が別除権の対象とされるビジネストラストではないと主張した。その根拠として、当該信託は、二重課税回避目的のいわゆる名目的信託であり、受託者は受益者の指図なしには、主導的に行動できないことをあげている。この管財人の主張に対して、連邦破産裁判所は、ビジネストラストと一般信託の区別を信託目的に求めた。すなわち、一般信託の目的は、信託財産を保持することにある一方、ビジネストラストは営利を追求するために事業活動・商事活動を行なうことにある。換言すれば、ビジネストラストとは、投資家の利益の実現のために、事業を行なうことを目的としてつくられた信託と考えるのである[92]。この基準によれば、親族の利益のためにつくられる

---

(88) Id. at 668. 同様の見解を示す判例として、In re Unversal Clearing House Co., 60 B.R.985 (1986).

(89) In re Treasure Island Land Trust, 2 B.R.332 (1980), In the Matter of Norman Cohen, 4 B.R.201 (1980) など。

(90) In re Dreske Greenway Trust, 14 B.R.618 (1981).

(91) In re Medallion Realty Trust, 103 B.R.8 (1989).

(92) Id. at 9.

伝統的な贈与型信託が，換価処分において，一般財産と信託財産との間の分離を否定されることにも合理性はある。一方，事業を行なう目的で設定され，受益者が事業運営体へ資金拠出をしていればビジネストラストとみなされ，別除権としての財産分離も許容されるのである[93]。

また同じく，一般信託との違いを明示した判例として，Kosco 事件[94]があげられる。本件の受託者らは，当該信託の目的は親族内部の財産保有であると主張して，ビジネストラストとしての課税処分を不服として争った。これに対するペンシルバニア州地方裁判所の判断では，当該信託の条項は単なる物件の管理と保有のみを定めたものではないとして，ビジネストラストとしての一定の目的を認めて，税当局の処分を妥当としている。ここで引用されるペンシルバニア州制定法[95]では，一般信託をビジネストラストと比較して，次のように定義している。「一般の信託の範疇には，事業を遂行し利益を分配する目的とするような信託は入らない。また，一般の信託は明示的・黙示的のいずれにおいても，次のような会社類似性の基準に示される特徴をもたない。その特徴とは，受益者を事業協同者と扱うこと，受託者に経営の集中をすること，信託における権益を受益者の人的財産権と扱うこと，そしてこのことから受益権に自由な譲渡性を認め，また組織としての継続性があること，の各点である。」

これらは，前述した類似性基準と共通しているが，本判決においては，受益権の譲渡性と信託目的を関連付けた解釈がなされた。すなわち，本件の受益権は，株式会社の株式と同様に，受益者の人的財産とみなされており，そ

---

(93) Id. at 12.
(94) Kosco v. Commonwealth of Pennsylvania, 987 A.2d 181 (2009).
(95) Pa. Stat. Ann.tit.72, § 8101-C (West 1971). "……an ordinary trust does not include a trust that has an objective to carry on business and divide gains, nor does it expressly or impliedly have any of the following features: the treatment of beneficiaries as associates, the treatment of the interests in the trust as personal property, the free transferability of beneficial interests in the trust, centralized management by the trustee or the beneficiaries, or continuity of life."

第 I 部　米国ビジネストラストにみる組織理論

の譲渡と換価処分性が確保される[96]。つまり，当該事業への出資者が交替していくことが前提とされているものであるから，財産を受益者のために保全管理することが目的であり，当事者の変更が基本的に予定されていない一般の信託とは，その性質が異なっていると考えられたのである[97]。このことはまた，受益者の死亡や脱退にかかわらず，信託が継続していくことをも保証することになる。

(2)　ビジネストラストにおける結合概念

　ビジネストラストを一般信託と区別し，他の事業組織に接近させていく論理は，これを一種の営利団体として把握することにあった。団体性を認めることは，当該ビジネストラストの構成員相互に結合関係が生じているととらえることである。それでは，ビジネストラストに関する判例法理の中でいう結合の意味は，どのようなものであろうか。

　まず，コントロール・テストを採った判例からいえることは，受益者らが物理的に総会を開催し，そこで決議・投票を行なうか否かで，受益者が団体的な結合関係にあるかを判断するものではないことである[98]。既述のとお

---

(96)　Kosco, 987 A.2d at 189.

(97)　同様の見解は John C.Gudzan v. Common wealth of Pennsylvania, 962 A.2d 718（2006）でも，示されている。これは個人資産を私設信託へ移転したことに伴う課税の当否が争われた事件で，一般の信託であれば課税免除の対象となるところ，税当局は，本件信託はビジネストラストであり移転課税の対象であると主張して，この点が争われたものである。ペンシルバニア州地方裁判所は，受益権が書面契約によって譲渡できること，また受益権は人的財産権であることが信託条項に定義されているため，同州制定法の定義に照らして，一般信託には該当しないことを確認した。また他の条項でも，信託の目的は不動産の賃貸とリースであると定められており，事業目的であることも明らかである。さらに，仮に受託者が辞任した場合も，後任を定める条項によって信託の継続性も確保されている。これらを勘案して，州裁判所は，本件はビジネストラストと判断している。

(98)　例として，次の判例があげられる。Williams v. Milton, 215 Mass.1, 102 N.E.355（1913）。この判旨によれば，受託者が 3/4 の受益者の同意により，信

り，判例のいう結合とは，受益者各人の拠出した金銭などの財産が，営利を目的とする事業遂行のために統合されて，その成果収益が共同計算されることと解されている。この事業遂行を行なう者は受託者であり，受益者は受託者のとろうとする手段方法に対して，一定の監督と牽制は行使できる。しかし，意思決定への参画などの関与はできないものと考えられている。

　同様に，オペレーション・テストを採る判例からも，結合とは必ずしも受益者らが集団として共同すべきものではないとされている[99]。ビジネストラストにおける受益者は，営利目的の事業に対して，出資を通して各々の資産を共同計算し得ることが特徴であって，この営利団体に対して実際の事業遂行者や意思決定関与者である必要はないとの見方は，コントロール・テストと共通している[100]。すなわち，実際の運営局面において，受益者が事業遂行に対してどのような関与ができる組織体制であるかを，直接的な判断基準とはしない。こうした点は，株式会社の株主が取締役に対して有する一定の監督権限，あるいは株式会社のもつ団体自治の法理とは異なっているものとみられる。

　ところで，一般信託法理に照らして考えると，受益権とは，利益配当をう

　　託宣言を変更できる。Mayo v. Moritz, 151 Mass.481, 24 N.E.1083（1890）. この判旨では，受益者は「結合された状態」（associate together）とはいえず，受益者の同意は会議等によって形成されるものではなく，個々の同意によるものとしている。海原・前掲注(36)47頁参照。工藤・前掲注(55)82頁参照。

(99)　Morrissey事件（Morrissey v. Commissioner, 296 U.S.344, 56 S.Ct.289, 80 L.Ed.263（1935））では，次のように説明している。「営利団体とは，共同の事業体に加入することである。これは具体的には，株式や受益証券を取得することによって営利団体への参加をすることであり，また事業の運営と財産への支配権限を，選任された者（受託者）に任せるものである。そして，ビジネストラストとは，かかる事業について出資者らが連携関係に入るための便宜的手段として設定された信託である。当初から事業計画に参加するか，あるいは中途から信託約款の条項に従って参加するか，いずれにせよ受益者となった者は，この事業において，その出資金などが結合された成果としての利益の分配を請求することができる。」

(100)　海原・前掲注(49)128頁。

けるのみならず，その前提である信託財産の適正な運営への請求権限を有するものと考えられる[101]。それでは，この受益権の解釈は，上述のビジネストラストの結合概念で述べた内容，すなわち事業遂行や意思決定への参画はしないことと矛盾しないであろうか。

これに関して，ビジネストラストが利用される事業の中でも，REIT あるいは資産証券化など，大規模な資金調達とその長期間にわたる維持が必要とされる事例を考える[102]と，個々の出資者は，受託者との間で事業運営のあり方について直接協議を行なうことはきわめてまれとなり，いわば無個性化している[103]。つまり，投資対象の運用成果と投下資金の流動性を求める株式会社への投資家と類似して，ビジネストラストへの出資者もまた，投資成果を期待することが主目的となるのである[104]。さらに，大量に発行された

---

[101] 一般の信託理論における受益権の内容としては，集約すれば(イ)受託者に対して，信託目的にしたがった義務を履行するように求める権利，(ロ)信託財産に対して有するエクイティ上の権利，の2点である。この受益権は，元々は純粋に受託者に対する債権的なものと位置づけられてきたが，次第に信託財産に対する物権的な要素にも着目されるようになり，エクイティ上の所有権 (equitable ownership) が認識されるようになった。George T. Bogert, Trusts §37, at 133 (6th ed., West,1987).

[102] REIT や資産証券化のビークルは，現代のビジネストラスト利用形態として，代表的なものと考えられる。一方，REIT などと比べて，ビジネストラストとして行なわれる事業の規模が相当に小さくなり，そこに参加する受益者も少人数化してくると，組織モデルが変容してくることも考えられる。閉鎖的な非公開会社に類似する組織形態としては，必ずしもビジネストラストが最適ではないことについて，Notes, supra n.15, at 132. を参照。

[103] Stevens, supra note 3, at 138.

[104] 事業体が資本調達を行なう市場では，受益者に対して，投資手段としてのビジネストラストがいくつも提示される。市場行動としては，受益者は自らの資金を受益権取得という形で，自由に配分して投じることができるし，また投資成果をみながら，そこからの撤退や回収が自由にできる。受益権の自由譲渡性は，これを保証するものといえる。また，このようなタイプのビジネストラストの特性を受託者の役割の側から考察したものとして，以下文献が参考となる。Frankel, supra note 34, at 329-30.

第 2 章　判例法理の展開と分析

受益権は均質化して，譲受人としては誰の保有する受益権を引き継いだとしても，基本的な権利に差異が出ない。受益者は，受託者に対して個性ある存在として対峙する機会をもたないため，顔の見えない「モノ言わぬ投資家」としての性格を強めていくのである。したがって，個々の受益者がビジネストラストの事業遂行に何ら関与していなかったとしても，受益者総体としての結合概念が否定されるものではない。

　なお，このように無個性な受益者が多数化してくるにつれて，ビジネストラストの団体自治という観点では，委託者の存在が重要となってくる。信託法理上も，委託者は信託目的を設定し，受託者への監督権限を留保している。受益者が無個性化してくるほど，委託者の役割は高まるであろう。

第3章　ビジネストラスト制定法の確立

第1節　ビジネストラスト適用分野の特化

　ビジネストラストの発展段階は，Ⅰ期（～1980年代）とⅡ期（1990年代以降）に区分することができる[105]。このⅠ期は19世紀後半に始まり，既述のとおり，比較的広範な事業分野[106]にビジネストラストが適用されていた。しかし，その後組合・株式会社などの事業形態とビジネストラストとの法的特性の違いから，両者はそれぞれに適した事業分野へと，しだいに収斂されてきた。実際，Ⅰ期後半には，ビジネストラストの利用は相当程度，金融と資本調達に係る分野に特化されていった。

　この金融分野の中でも，投資会社[107]が最も多くビジネストラスト形態を

---

[105]　工藤・前掲注(55)10頁以下にみるように，Ⅰ－Ⅲ期に区分する見解もあるが，本稿では，判例を主体としてビジネストラスト法理が形成された時期と，これを吸収しつつ，現代の適用分野を視野に入れた各州制定法がつくられていった時期に区分して，議論をすすめる。

[106]　組合かビジネストラストかが争点とされた判例の中に例をみると，マサチューセッツ州の空気タイヤ製造（Mayo v. Moritz, 151 Mass. 481, 24 N.E. 1083 (1890)，同州の果実販売（Frost v. Thompson, 219 Mass. 360, 106 N.E. 1009 (1914)，カンザス州の材木製造（Home Lumber Co. v. Hopkins, 107 Kan. 153, 190 P. 601, 10 A.L.R. 879 (1920)，テキサス州の石油精製（Wells v. Mackey Telegraph-Cable co., 239 S.W. 1001 (Tex.App.1922)，同州のメールオーダー販売（Thompson v. Schmitt, 115 Tex. 53, 274 S.W. 554 (1925)，などの事業があげられる。

[107]　米国における投資会社は，1920年のOverseas Security Corporationの設立に始まり，その多くはマサチューセッツ・ビジネストラストとして組成された。これは，当初はビジネストラストが連邦税制上，所得税の課税対象外とされていたことが理由である。また，その大半は，持分権の換価性に制約のあるクローズ・エンド型であったが，1929年の大恐慌以降も1930年代を通じて，オープン・エンド型を中心に成長し，その残高は1936年までには大

利用した。その法的整備にはいくつかの段階があったが、その重要なものとして 1940 年の投資会社法[108]があげられる。同法の目的は、ファンド運用者の不当な管理によって、受益者の利益が搾取される温床を排除することにあった[109]。また、次の段階としては、1974 年に Fidelity Daily Income Fund の設立が SEC (Security Exchange Committee, 証券取引監視委員会) に承認されたことである。同ファンドの定款では、年次株主総会の開催を省略できることとしているが、これが 1940 年投資会社法第 16 条[110]の解釈に抵触しないかが論点とされたのである。SEC がこれを承認したことで、その後、投資会社の設立が大きく増加していくこととなった。株主総会の決議なく、授権資本の頻繁な増加を行えることが、投資会社のファンド運営にとって重要な利点とされたからである。さらには、1 つのファンドを分割することや、運用種別毎に子ファンドをつくっていくことなどについても、総会決議を要しないことと解釈された[111]。ただし、これらは制定法上に明文化されたものではないため、法的な不明確さを伴っており、後のスタチュートリ・トラスト制定法へとつながっていったといえよう。

このように、ビジネストラストについては、金融分野（投資信託・資産流動化）や不動産分野中心に特化し、一般事業分野については、株式会社[112]

恐慌時の約 10 倍に増加している。Sheldon et al., supra note 12, at 446-47.
(108) 同法は、1933 年および 1934 年の証券取引法では不十分であった投資会社の不正への規制強化、およびすべての組織形態に共通する規制をひくことを主眼において制定された。また同法では、"Company" の定義として、株式会社・組合などの他に信託 (trust) も含め、また受託者は取締役の定義に含まれていた。Sheldon et al., supra note 12, at 449-51.
(109) Id, at 450.
(110) 同法 16 条 (C) 項において、受託者は年次株主総会によって選出されるとの条項により、その手続を経ていない既存ファンドの受託者の有効性が議論となった。Id, at 452.
(111) Id, at 453.
(112) 株式会社は社会経済活動の中で、製造・流通・販売・輸送など多岐にわたる分野にみられる組織形態である。組合も基本的には株式会社と同様であるが、これらのすべての分野にみられるわけではなく、またその業務規模が、

に代替されていった。この理由について，ビジネストラストには，高度な事業判断を受託者に行わせるだけの機関分化ができていないことに論拠をおく見解[113]がある。この議論は，ビジネストラストを株式会社と組合の中間に位置づけ，それぞれとの異同を比較してみると分かりやすい。

例えば，資産流動化のビークル（Vehicle，本稿では主に「特定目的組織体」の意味で用いる）として，ビジネストラストが利用されるケースを考えてみる。そこでは，管理者（受託者）に権限が集中し，そのガバナンスが管理者の義務によって支えられている[114]。この点は，組合に類似している。しかし一方で，ビジネストラストでは，ビークルの組成者・所有者（委託者・受益者ら）と経営者（受託者）が分離している。いわゆる所有と経営の分離である。この点については，組合とは相違し，むしろ株式会社と類似している。この二面性が信託の特徴である。

すなわち，組織内部での意見対立などの心配がなく，当初目的に沿った財産運営が確保され，しかも組織構成員に生じる倒産などの事由に影響されることなく，目的の遂行が可能となるのである。前者は組合に類似する利点であり，後者は株式会社に類似する利点といえる。このため，特定財産を対象にした管理・運用・処分など，組成時に予想される目的を企図したとおりに実行する事業には，ビジネストラストの利用は適しているといえよう。

しかし一方，組成時に予想できない事態が発生することがむしろ通常であり，その都度適切に判断することが求められる事業については，必ずしもビジネストラストが有用とはいえない。組合のように出資者と経営責任が不可分ならば，その失敗が自己責任に帰するが，組成者・所有者と経営者が分離している場合，経営者（受託者）に高度な経営判断を委ねることは，所有者（受益者）側にとってリスクが大きくなる[115]。かかる状況では，ビジネストラストよりも，株式会社のように株主総会・取締役会・監査役など複数の機

　　　　特定の地域などに限られている点で両者の区別が考えられる。
(113)　井上聡「信託と金融」『信託法制の展望』（日本評論社，2011年）78頁。
(114)　井上・前掲注(113)88頁。
(115)　井上・前掲注(113)89頁。

関が，相互牽制をはたらかせる組織の方が適している[116]と考えられるのである。

ビジネストラストがこれらの組織概念をいかに消化していったかは，第4章以降に述べる。本章ではまず，対象となる信託財産が一般事業から金融資産主体へと変容していく中での，ビジネストラストの当事者関係についての把握の変化と，これを裏付けていく法整備の状況を確認していく。

第2節　判例法理から制定法への移行背景

ビジネストラストの発展段階におけるⅠ期は，信託の仕組みを取り入れた事業形態としてビジネストラストが生成し，その適用範囲も，不動産投資や医療クリニックなどから破綻した事業の処理まで拡がっていった時期である。ビジネストラストに係る争いは，当初は，事業の外部債権者と受益者との間であった。その後，争いの当事者の中心は，課税当局と事業運営者である受託者に移っていく。また20世紀後半，破綻事業処理において，争いの当事者が一般債権者・管財人対受託者へと変わると，論点はビジネストラストか一般信託かの区別に移っていった。

Ⅰ期の後半である20世紀半ば以降の，ビジネストラストに関連する経済的背景としては，好景気のもとで，企業の資金調達手法が多様化したことが重要である。好景気下でのインフレ抑制のため，金利は引き締め傾向にあるから，事業者の資金調達コストは上昇する。このため，事業者は銀行借り入れ以外の調達方法も模索する必要に迫られる。こうして増えてきたのが，資産の流動化[117]である。

---

(116) 井上・前掲注(113)89頁，および「パネルディスカッション：新しい信託法と実務」ジュリ1322号36頁（井上発言）参照。
(117) これは，売掛債権などを譲渡して資金化を図るものである。この取引の原型は，債権譲渡人と譲受人との相対取引であったが，やがて譲渡人・譲受人が共に複数化し，仲介機能として銀行・証券会社も介在するようになる。その仲介機能の中心は，多数の売掛債権をパッケージ化して集合債権にまと

第 3 章　ビジネストラスト制定法の確立

　米国においては，資産流動化の手法として信託受益証券を発行する形式が広く普及したが，ここで利用される信託の特性には一般的な信託との乖離がみられる。一般的な信託では，受託者の役割が大きく，信託財産の管理処分権限を有している。しかし，流動化手法での信託は，信託財産の信用力が重要であり，受託者の管理処分行為には重きがおかれない。また，流動化手法の信託では，受益証券が発行されて多数の投資家が取得し，さらに転売されていくことが前提となるが，一般的な信託ではこのような想定はない。さらには，信託財産の信用力の程度に応じて，受益証券に格付けを付与するためには，受益権を発行する信託が，あたかも社債を発行する会社のように法人格ある団体として認識されることが有用となる。このような特性をもつ信託が，ビジネストラストの一例として一般化していった。

　また同じく，株式市場の規模拡大とともに，ミューチュアル・ファンドがビジネストラストの中心的な存在となっていった。これは，わが国における投資信託と同様の仕組み[118]であるが，米国のミューチュアル・ファンドは，

めることであるが，これを複数の譲受人に売却するために，いわゆる証券化として集合債権が単位分割される。この証券には，社債や受益権があり，前者は，流動化対象資産を買い取った特別目的会社が，資産を裏づけに発行する社債である。これに対して，後者は，流動化対象資産を受託者に信託される形式をとり，その信託受益権は，委託者（当初のスキーム組成者かつ債権譲渡人）から受益者（不特定多数の投資家）に転売できる。資産の証券化としてはいずれの手法も有効であるが，米国では信託利用が広く普及していった。
(118)　この仕組みは，受益者（投資家）が，金銭を委託者（ファンド会社）に拠出し，それが委託者から受託者（信託銀行）に委託されるものである。このミューチュアル・ファンドには，一般的な信託とは異なる特性がある。第1に，資金の運用について，委託者が受託者に対して指図をすることである。受託者は，信託財産として金銭を所有しているが，委託者の指図なしには具体的な処分を行なわない。一般的な信託，あるいは初期のビジネストラストであれば，受託者が信託財産の管理処分権限を行使して，主導的な役割を果たすのだが，ミューチュアル・ファンドではそのようなことはない。第2に，運用状況に対応して，ファンド会社の配下にある複数のファンドを統合，あるいは逆に1つのファンドを複数に分割のニーズが出てきた場合，これに柔軟に対応できることである。一般的な信託であっても，同一受託者間での信

57

投資会社として，信託の当事者から法的に独立した存在とされている。このため，受益証券の追加発行やファンド内部の分割など，一般信託法理では予定しないルールが設定されている。

　Ⅰ期後半は，このような20世紀後半以降の経済環境の変化と，それに伴って拡大してきたビジネストラストの新しい形態（流動化スキーム，ミューチュアル・ファンド）を背景にして，法的基盤が整備されていく時期であるが，この流れの中で問題とすることは，信託法理と会社法理の混和である。信託の発生原因は，委託者と受託者の契約であり（そこには，契約法理だけでは吸収されない，エクイティ上の救済法理が存在するが），少なくとも一般的な財産継承を目的とする信託について，組織性や団体性を観念することはない。しかし一方で，ビジネストラストは一種の会社代替として利用され続けてきた経緯から，対外債務について信託財産の引当を原則とする一方，受託者は有限責任とされ，さらには信託自体が法主体性をもつことが求められてきた。このため，20世紀後半から，ビジネストラストを受託者から独立した法主体（legal entity）とみる発想が台頭していった。実際，各州の制定法上も，ビジネストラストを営利団体の1つと括り，会社法理を適用する側面がでてきた。この時期は，信託の1つであるはずのビジネストラストに，会社的な要素が取り込まれていき，新たな法的位置づけを模索していた局面ともいえよう。

　この法的に不安定な状態は，1990年前後，デラウェア州をはじめとする各州の制定法によって解決されていく。各州の制定法は，ビジネストラストを受託者から独立した法的存在であり，永続性を有するものであると定め，また受託者の有限責任性も明示した。本稿では，この時期からをビジネストラストの発展段階のⅡ期と区分している。また1990年代後半からは，モデル法としての統一法典の検討が本格化し，2009年には統一スタチュート

　託の併合は想定されているが，ミューチュアル・ファンドの場合は，資金運用を行なうマーケットの動向によって，より機動的な対応が求められる。このような発想は，会社の合併・分割に通じるものである。

リ・トラスト法（Uniform Statutory Trust Entity Act of 2009）[119]が採択されている。この間，ビジネストラストはスタチュートリ・トラストと改称されるようになったが，その背景には，コモン・ロー・トラストの基礎をなしている信託法理からの転換がなされた要素もある。

　事業者にとっての法的利点の観点から，信託と株式会社の比較をおこなったハンツマン教授の論文[120]においても，信託に法主体性をみとめ，信託財産は受託者の債権者から隔離されていること，また受益者も有限責任であることなど，株式会社との類似性がまずあげられている[121]。しかし，ビジネストラストが営利事業の形態として一般化してくるなかでも，従前の判例においては，受益者から受託者に対して一定程度のコントロールは否定されなかった[122]。このことは，裏返していえば，受益者には実質的な支配権限が留保されているとみられて，代理関係における本人として，信託運営に伴う債務に人的責任を要求される可能性につながるものであった。この受益者の有限責任についての不確実さを取り除いたのが，1988年デラウェア州をは

---

(119)　同法の内容については第4章に詳述するが，本法起草委員の問題意識としては，従来からのコモン・ロー・トラストと対比して，州政府からの授権によって取引の主体性・訴訟の主体性などを有する信託であることを明確にすることが大きかった。このことが"Entity Act"のタイトルとして表れているものと考えられる。同法に関する論文としては，工藤聡一「アメリカ信託法における制定法化の進展」『信託法制の展望』（日本評論社，2011年）160-62頁が詳しいが，この論文でも上述の趣旨をふまえた上で，既存のデラウェア州法その他との整合性の観点から，「統一ビジネス・トラスト法」としている。本稿でもこの発想にならい，以下，「統一スタチュートリ・トラスト法」とする。

(120)　Henry Hansmann, Ugo Mattei, *The Function of Trust Law : A Comparative Legal and Economic Analysis*, 73 N.Y.U.L.Rev 434 (1998).

(121)　Id. at 475.

(122)　これに関する判例として，Goldwater v. Oltman, 292 P.624, 628-29 (Cal. 1930)，および，National City Bank v. First National Bank, 19 S.E.2d 19, 26-27 (Ga. 1942)，など。

じめとする，各州制定のビジネストラスト法であったと評されている[123]。加えて，これらの制定法は，ビジネストラストの法人格を定義し，ビジネストラスト同士の合併を認めるなどの法的性質を付与しているものも多い。本章では，各州でビジネストラスト法が制定されてくるⅡ期において，これまでの判例法理がどのように変化していったのかを主題として，考察を進めていく。

第3節　デラウェア州制定法

　上述のビジネストラストを独立実体化した組織 (entity) とみる流れは，20世紀終盤の各州におけるビジネストラスト法の制定・改訂によって，法制面での根拠を得ていくことになる。この動きの始まった1980年代は，レーガン政権のもと，景気が拡大し，様々な分野で会社設立が数多くおこなわれた時期である。この中でも，企業誘致・税収獲得に向けて，法的な基盤整備を積極的に進めたのが，まずメリーランド州であった。同州は，投資会社（investment company）[124]の併合を容易にするために，会社法の改正を行った[125]。これにより，通常は禁止される同一ファンド内部での信託の併合が，一定の条件下で可能となり，同州への投資会社の登録が集中することとなった。

　これに対抗したのが，隣接するデラウェア州である。ただし同州は，投資

---

(123) Hansmann, supra note 120, at 475.
(124) 米国の投資信託は，連邦法である Securities Act of 1933, (15 U.S.C. § 77a et seq.) の中で，会社形態と認識されている。
(125) Marcel Kahan & Ehud Kamar, *The Myth of State Competition in Corporate Law*, 55 Stan.L.R.679, 721 (2002), Brett H. McDonnell, *Two Cheers for Corporate Law Federalism*, 30 J.Corp.L.100, 110 (2004). メリーランド州では，連邦法上の課税要件をみたす投資会社に対して，年次株主総会の開催要件の撤回（Md.Code Ann., Corps. & Ass'ns § 2-501(b) (2002)），取締役が株主の承認なく授権株式数を増加させる権限（Id. § 2-510(c)）を定めて，多くの投資会社の州内設立の誘因とした。

第3章　ビジネストラスト制定法の確立

会社ではなくビジネストラスト形態を中心に据え，メリーランド州との差別化を図った。ここに，デラウェア州においてビジネストラスト法が整備されていくきっかけがある。同法の主な特徴は，以下の1.から5.にあげる各点であるが，その中でも，受益者の有限責任性，受益権の自由譲渡性および永続性は，前述のとおり，20世紀前半にビジネストラストとしての判断基準として取り上げられた会社類似性基準[126]の諸要素である。判例法理として確立したこの類似性基準は，ビジネストラストの団体的側面をとらえたものであるが，これを州法として整備したのが，まずデラウェア州であったといえよう。

1. ビジネストラストは，法人化されていない団体（unincorporated association）[127]であり，その受託者からも独立して把握される法的実体である。受託者は，受益者の利益を目的として，資産の経営・管理・投資・運営，あるいは営利を目的とした事業活動に従事する[128]。
2. 受益者は，一般会社の株主と同様に，人的責任の制限を受けることが

---

[126]　受益権の自由譲渡性とそれに伴う組織の永続性の有無をビジネストラストとしての認定の判断基準とした判例は，State Street Trust Company & others v. Johns L.Hall & others, 311 Mass. 299, 41 N.E.2d 30（1942）を始めとして多いが，受益権の自由譲渡性を争点とした判例として，Wood Song Village Trust v. Commissioner, 74 T.C 1266（1980），また類似性基準の各要素が充足されているかを争点とした判例として，In re Heritage North Dunlap Trust, 120 B.R.252（1990）や，Kosco v. Commonwealth of Pennsylvania, 987 A.2d 181（2009）などが参考となる。

[127]　法人化を，訴訟や取引の主体性など対外的な側面と，監督機関の法定など内部的な側面の両者からとらえ，内部的な観点では，当事者間契約に依存している組織は，法人化としては未成熟であると考えるものである。この概念については，次章第4節にて，あらためて考察する。

[128]　Delaware Code Title12 Decedents' Estates and Fiduciary Relations Chapter 38. Treatment of Delaware Statutory Trusts すなわち Del.Code Ann.tit.12, §3801-§3863（1995 & Supp.2010）である（以下，Del.Code Ann. tit.12, と略記して，条文番号を付す）。Del.Code Ann.tit.12, §3801(g)(1)（1995 & Supp.2010）．

できる。なお，受託者の地位と受益者の地位は兼ねることができる。つまり，受益者の直接的な経営参加が行なわれても，受益者の有限責任は確保されることになる。また，受託者もその権限の範囲内で職務を遂行する場合，ビジネストラストまたは受益者以外のいずれに対しても人的責任を負わない[129]。

3. ビジネストラストは訴訟の主体となる。訴状の送達は，受託者の1人に対して行なえばよい。ビジネストラストの財産は，株式会社における場合と同様に，差押えと強制執行に従うものである。なお，ビジネストラストは，その内部に複数の系列を設定できるが，特定の系列の債務は，当該系列の資産に対してのみ執行可能である[130]。

4. 受益権は，信託財産の性質に関わりなく人的財産権である。したがって，受益権者は，ビジネストラストの特定資産に対して何ら権利をもたない。また，受益権は，別途定めがある場合を除き自由に譲渡できる[131]。

5. ビジネストラストは永続性を有するものとする[132]。

上記1.から5.の通り，デラウェア州法の規定するビジネストラスト[133]は，法主体性を有することがその根本的な特性である。それを内面から支える要素として，統括文書による柔軟な組織運営と受託者の権限義務の調節がとられている。

その内容は，以下(イ)から(ハ)に整理される。(イ)はビジネストラストのもつ契約自治の側面をあらわすものであり，一方(ロ)は，契約的性質から離れていく側面を示している。また(ハ)は，契約から離れて団体的な性質を有しながらも，

---

(129) Del.Code Ann.tit.12, §3803(a)(b), §3801(h)(1995 & Supp.2010).
(130) Del.Code Ann.tit.12, §3804(a)(1995 & Supp.2010).
(131) Del.Code Ann.tit.12, §3805(c)(1995 & Supp.2010).
(132) Del.Code Ann.tit.12, §3808(a)(1995 & Supp.2010).
(133) デラウェア州法はその後の法改正の過程で，制定当初のビジネストラストからスタチュートリ・トラストへと名称が替わってきた。以下では，直近の条文を原典ととらえるため，スタチュートリ・トラストと称されている部分は，それを採用する。

株式会社その他の既存の団体とは異なる，ビジネストラスト制定法独自の内容を特徴づけている。以下，その概要をまとめてみる。

　(イ)　統括文書（governing instrument）の位置づけ

　デラウェア州法上のビジネストラストは，統括文書が発生原因になる。この文書は，委託者と受託者の合意による信託契約でも，あるいは委託者自身による信託宣言でも，いずれの方法によっても構成することができる。そして，この文書によって当事者関係が規律される。制定法の大半の規定はデフォルト・ルールであり，「統括文書に特段の定めがない限り」あるいは「統括文書によって別の定めをおくことができる」との条項が多くみられる。基本的な位置づけとして，統括文書は制定法に優先しているのである。

　(ロ)　受託者の義務の軽減

　コモン・ロー・トラストあるいはこれまでのビジネストラストにおいては，受託者は信託に帰属する債務について責任を負うことが原則であり，例外として，第三者との契約あるいは信託関係書類に特に定めることによって，その責任の範囲を限定することができた[134]。これに対して，スタチュートリ・トラストでは，受託者はその権限の範囲と資格において行為する限り，スタチュートリ・トラスト自体と受益者以外の第三者に対して人的責任を負わないことが，デラウェア州法（以下本節では，断りなき限り条文番号は同法のそれとする）第8条(b)項において原則として定められた。対外関係における受託者の位置づけが，信託法理から一歩離れて，会社法理上の取締役に接近したもの[135]と解することができる。

---

(134)　Bogert, supra note 101, §94, at 337. なお，Unif. Trust Code（2000）§1010(a)では，この原則が翻り，契約で別段の定めをおく場合を除いて，受託者として適切に行動したことについて，個人として責任を負わないものとされている。

(135)　信託法理においては，受託者は信託財産の所有者・取引の主体であるため，人的責任を負うことと対比して，取締役は，本人である会社・株主の代理人・受認者と観念されることが会社法理である。Curtis J. Milhaupt 編『米国会社法』（有斐閣，2009年）53頁参照。しかし，代理人である取締役の権限濫用を防ぐために，会社法理上も，信認義務による規律が重要な役割を占

第Ⅰ部　米国ビジネストラストにみる組織理論

　一方，信託当事者間の内部関係については，受託者の責任についても，統括文書によって変更できる。第6条(c)項は，受託者の信認義務を含めた義務について，統括文書によって拡大し，もしくは制限あるいは免除（eliminate）することができると定める。また，同条(e)項では，受託者が契約違反や義務違反をおかしたことによる責任についても，制限あるいは免除することができると定めている[136]。

　ここで問題となるのは，条文上，信認義務も対象とされていることである。信認義務とは，具体的には，注意義務[137]と忠実義務[138]を指す。信託法理上，これらの義務は受託者の義務の根幹に関わるものである。信託では，財産の所有権が受託者に移転するため，受益者保護のためには，受託者の任務懈怠や受託者自らの利益追求などの行為を抑止する必要がある。これに応えるのが，受託者に対する信認義務である。それを，ビジネストラストでは制限・免除も可能にしているのである。

めている。
(136)　ただし，この統括文書による義務や責任の軽減には一定の限度がある。第6条(c)項但し書では，「統括文書は，誠実かつ公正な取扱いに関しての黙示的な契約条項（implied contractual covenant of good faith and fair dealing）を免除することはできない」としている。また，第6条(e)項但し書でも，(c)項の指す黙示的な条項を悪意で破ることになるような，作為・不作為への責任については，免除することができないとしている。
(137)　株式会社やビジネストラストにおける注意義務違反は，取締役あるいは受託者の職務失当行為や職務懈怠行為などを指す。例えば，意思決定において，十分な情報収集や審議時間の確保をしなかったこと，あるいは他の取締役なり受託者なりの，かかる行為への監督と抑止が不十分であったこと，などがあげられる。
(138)　忠実義務違反は，受託者が，信託財産について自己を相手とする取引をおこない，その価格や条件に実質的な公正性が欠落しているものを指す。これは，他の受託者への取引の開示をし，その価格・条件について承認を得ること，また信託財産の費消がないこと，によって義務違反を免れる。

64

第3章　ビジネストラスト制定法の確立

(ハ)　組織運営の柔軟性

　上述の受託者の責任に関する事項以外の，受託者・受益者の権利義務やビジネストラストの運営管理についても，統括文書において定めることができるとして，例示列挙がされている。そのうちの主要なものとして，次の事項があげられる。

　第6条(b)項1号では，受託者・受益者あるいは受益権のクラス分けを定めること，あるいは既存のクラスに優先もしくは劣後するクラスを新設することができる，としている。株式会社にも種類株式の制度があるが，ここでは受益者・受益権に加えて，受託者のクラス分け[139]も可能としている。また，同条(b)項3号では，特定のクラスの受託者および受益者の議決や承認を不要とできる項目として，統括文書の変更・受託者の任命・財産処分全般などが例示列挙されている。さらに，同条(b)項4号では，一定の受託者・受益者に対して，議決権を与えない（withhold）ことができるとも定めている。したがって，2号規定によって受託者をクラス分けし，さらに3号・4号規定によってあるクラスについては変更への議決を要さないこととすれば，かかる受託者の権限を排除することもできてしまうのである。

　これらをみると，ビジネストラストの運営管理は，相当程度，統括文書の条項に左右されることがわかる。この統括文書は，委託者と受託者の合意によって定められるものであるが，実質的には，統括文書の策定時点における

---

[139]　一般信託法理では，委託者が別段の定めをしない限り，受託者は共同して，財産への権限を持ち，また売買その他の契約行為を行うことが原則と考えられている。したがって，意思決定についても満場一致（unanimous）を必要とする。Bogert, supra note 101, §91, at 326. しかし，Restatement 3rd of Trusts §81 at 171, General Comment b (2005) では，信託条項によって，複数の受託者間に役割と責任を分担させること，またある受託者には信託管理上の特定の局面についての参画と責任を免じること，ができるとしている。また，特定の機能や意思決定だけを務める"special trustee"の存在についても示している。なお，同条(b)項2号では，特定の財産ごと，すなわち事業目的・投資目的ごとに，別個の権限と義務を有する受託者・受益者の設定ができることを定めているが，これは第403条の「シリーズ分け」とは区別される。

65

委託者と受託者の交渉と力関係によって，受託者の権限行使範囲，あるいは逆に受託者への牽制レベルなどが決定されてくるものである。すなわち，委託者による契約条項の設定が，その後の受託者への監督上も重要となってくるのである。

ここまで，デラウェア州法の契約的側面が着目されたが，他方，団体的な側面としては，株式会社・組合・LLCなどの事業組織とは区別された体系[140]に位置付けられている。しかし，これは各州のビジネストラストについても一般的なこととはいえず，むしろ大半の他州では，ビジネストラストを株式会社・LLC・組合などと共々，営利団体（association）の編の中に位置づけている。メリーランド州は，Corporation and associationとの編に，株式会社・LLC・組合・ビジネストラスト各々の章をおいている[141]し，同様の構成をカリフォルニア州・マサチューセッツ州[142]でもとっている。さらに，その他の多数州[143]でも，会社および団体，事業組織といった編の中

---

(140) デラウェア州法典の中では，title8において株式会社，またtitle6（商業・貿易）の中に，統一組合法（Uniform Partnership Act）と統一LLC法（Uniform Limited Liability Company Act）がおかれている。一方，title12（遺産および信認関係）の35章には信託一般，38章には，本件のビジネストラストがおかれている。

(141) Md.Code Ann., Corps. & Ass'ns §12-101 to §12-810 (Supp.2011). メリーランド州のCorporation and Associationは12章から構成され，title2-3 (corporation in general)，title4 (Close Corporation)，title4A (LLC)，title8 (REIT)，title12 (Statutory Trust)，などから成る。

(142) Cal.Corp.Code, §23000 to §23006 (West Supp.2009). カリフォルニア州法典のCorporation Codeは4章から構成され，title1 (corporations)，title2 (Partnerships)，title3 (unincorporated association)，title4 (securities) から成る。この内，title3のsec.3.がジョイント・ストック・アソシエーション，sec.4.が不動産投資信託（REIT）を扱っている。Mass.Gen.Laws Ann.ch.182, §1 to 14 (1997). マサチューセッツ州法典のCorporationはCh.155-182によって構成され，156C (LLC)，156D (Business Corporations)，182 (voluntary associations and certain trust) などから成り，ビジネストラストはCh.182の中に位置づけられている。

(143) フロリダ州法典においては，title36 Business Organizations, Ch.609

で，株式会社・LLC・組合・ビジネストラストを扱っている。現在，ビジネストラスト制定法を定める州のうち，Corporation & Association のひとつとしてビジネストラストを位置づけている州は，約20数州にのぼる。これらのうち，後述する統一スタチュートリ・トラスト法がそのモデルとした州の対応は，次のとおりである。

Corporation & Association に位置づけている州（サウスダコタ，ワイオミング[144]，ニューハンプシャー，メリーランド）。Unincorporated association に

Common Law Declarations of Trust として，信託宣言の監督庁への登録，証券の発行などを定める。Fla.Stat.ch.609.01- 609.08（2010）. インディアナ州法典では，title23 Business and Other Associations, article 5 Other Business Associations, Ch.1 Business Trust として，訴訟主体性，受益者100名以下の土地信託と区別されることなどを定める。ネバダ州法典では，title7 Business Associations・Securities, Ch.88A Business Trusts として，州への登録義務，永続性，受託者に人的責任なきことなどを定める。Nev.Rev.Stat.§88A.010 to §88A.930（1999 & Supp.2010）. アリゾナ州法典では，title10 Corporations and Associations, Ch.18 Corporations, article 4 Business Trusts, として訴訟の主体性・証券の発行等に会社法を準用することなどを定める。Ariz.Rev.Stat. §10-1871 to §10-1879（2007）. カンザス州法典では，Ch.17 Corporations, article 20 Trust Companies and Business Trusts として，登録義務・訴訟の主体性・証券の発行等に会社法を準用することなどを定めている。Kan.Corp. Code.Ann.§2027 to §2038（1961 & Supp.2011）. モンタナ州法典では，title35 Corporations, Partnerships and Associations, Ch.5 Business Trusts として，登録義務・訴訟の主体性・証券の発行等に一般会社法を準用することなどを定められている。Mont.Code.Ann.§102 to §205（2009）. ノースダコタ州法典では，title10 Corporations, Ch.34 Real Estate Investment Trusts として，州内の事業公認団体であること，継続性・訴訟の主体性・取引や借入契約の主体性などを定める。N.D.Cent.code§10-34-01 to -09（1997）. サウスキャロライナ州法典では，title33 Corporations, Partnerships and Associations, Ch.53 Business Trusts として，登録義務，継続性，訴訟の主体性などを定める。ペンシルバニア州法典では，title15 Corporations and Unincorporated Associations, part5 Business Trusts, として，永続性，財産の名義主体となること，また動産・不動産賃貸目的の信託は含まれないことなどを定める。

(144) サウスダコタ州法の第1条6項(a)(b)(c)各号，およびワイオミング州法

位置づけている州（コネチカット[145]）。つまり，デラウェア州以外の体系上の第102条(a)項(ii)号(A)(B)，の各々に，統括文書の定義がされている。統括文書がビジネストラスト（ワイオミング州ではスタチュートリ・トラスト，以下同じ）の発生原因であること，制定法の大半の規定，例えば受益者・受託者の責任や権利，ビジネストラストの永続性などの規定もデフォルト・ルールであり，文言上も「統括文書に特段の定めなき限り」とされていることも，デラウェア州法と同様である。ただし，ワイオミング州法については，第202条（統括文書の解釈と適用）の(b)項に，契約自由の原則と，統括文書の有効性に最大限の効力を与えることが本法の基本的方針である旨，示されている点が，他州よりも踏み込んでいるといえよう。サウスダコタ州法の第26条1項・2項，およびワイオミング州法の第108条(c)項(i)(ii)号において，受託者には信認義務を含めた，コモン・ロー上およびエクイティ上の義務と責任があることを定めている。そして統括文書の条項に誠実に行動する受託者は，ビジネストラストと受益者に対して責任を負わないことと，受託者の義務と責任は，統括文書によって拡充と制限ができることが定められている。これらの点も，デラウェア州法と同様である。また，信託の管理に関して，サウスダコタ州法では第25条1-6項，またワイオミング州法では第108(b)項に規定されている。ビジネストラストの事業と内部管理は，統括文書に従って受託者（あるいは受託者の指揮）によっておこなわれること，あるいは受託者・受益者のクラス分け，信託自体の事業目的や投資対象によるクラス分けなどの規定もデラウェア州法と同内容である。

(145) Conn.Gen.Stat. § 34-500 to § 34-547 (1997). コネチカット州法典の体系では，ビジネストラストを，LLC・組合などとともに，unincorporated associationの中に括っている。しかし，条文の内容と構成は，デラウェア州法と類似している。第517条(b)項には，ビジネストラストの事業と内部関係の管理に関して，統括文書で定められる事項が列挙されている。まず，同条(b)項1-2号では，受託者・受益者をクラス分けできることが定められている。また，同条(b)項4号では，特定の受託者・受益者の議決権を制限できること，同条(b)項3号では，特定の受託者・受益者の議決や承認なく，統括文書の変更や受託者の選任ができること，を定めている。また同条(c)項では，受託者には，信認義務を含む義務があることを前提におき，同条同項(1)号で，受託者は統括文書の条項により，誠実に (in good faith reliance) 作為・不作為の行動をとる限り，ビジネストラストおよび受益者に対して責任を負わないことを定めている。また，同条同項(2)号では，受託者の義務は，統括文書によって制限することができるとしている。ただし，ここでは制限 (restricted) と

は，スタチュートリ・トラストは，何らかの団体として括られていることがわかる。なお，ニューハンプシャー州法[146]では投資会社（Investment Company），またメリーランド州法[147]ではREITが，各々，州政府へ登録されることに

はあるが，免除（eliminated）とまではおいていない。受託者の信認義務は，例えば証券化媒体の破綻により，管財人サイドが後任の受託者に就いた場合に，受益者と債権者のいずれの利益が優先されるか，議論が生じる。かかる問題意識への強弱も，受託者の義務に対する制限・免除の規定振りに影響するであろう。

(146) N.H.Rev.Stat.Ann.§293-B:1 to -B:23（1991 & Supp.2009）。ニューハンプシャー州法では，title36（株式会社・団体・契約上の土地所有者）の一項目として，ch.293-B にニューハンプシャー投資信託を位置づけている。従前はコモン・ロー上のみでの認識であった投資信託は，当州内に登録事務所と登録代理人をおくことによって，法主体性ある entity として扱われる。本法においても，統括文書が根拠文書であり，投資信託の内部関係への規律を与え，また投資行動を規定するものであると，第2条Ⅲ項に規定されている。そして，投資信託の運営管理に関する事項が，第7条Ⅱ項(a)号から(h)号において例示列挙されている。その主なものとしては，受託者・受益者の権利と義務，受託者・受益者に議決権を付与しないこと，受託者・受益者のグループ分け，統括文書の変更，トラストの合併・併合等であり，デラウェア州法とほぼ同様の内容である。これらの規定は，特に1つの大きなファンドの傘下に，何種類かのベビーファンドがおかれているときに，ファンド運用の効率化のため統廃合を行なう際に有効である。そして，ファンドの受益者あるいは対象外ファンドの受託者を，かかる意思決定の外におくことも，統括文書の定めによって可能となる。統括文書によって，対象ファンドの受託者には，それだけの自由裁量性が確保されるのである。スタチュートリ・トラストの内部構造を複層化することによって，複数の信託系列の管理部門が共通化され，独立した信託を複数設定する場合に比べて，経済合理性が高まるメリットがある。また，新たな信託系列を設定する場合でも，受益者の承認や追加的届出を要しないため，受託者の裁量に基づく機動的な投資判断も可能となる。工藤・前掲注(55)174-75頁参照。

(147) メリーランド州法典では，Corporation and Association のもとに，株式会社・組合・保険会社・金融会社等と共に，不動産投資法人（REIT）とスタチュートリ・トラストが位置づけられている。他州法との比較をするために，title8（不動産投資法人）の各条項の内容を確認すると，概ね次の通りである。

よって，法主体性ある独立実体として扱われている。ただし，州法典全体の中の位置づけの相違には拘わらず，これら各州の規定の大半は，デラウェア州法と同内容である。

第4節　スタチュートリ・トラストへの展開

1990年前後から，上述のデラウェア州をはじめとして各州が，ビジネストラストについての法整備をすすめてきた。これによって，判例法理の中で蓄積されてきた，ビジネストラストの受託者から独立した法主体性・永続性・訴訟主体性，あるいは受託者と受益者の有限責任原則・受益権の自由譲渡性などが成文法化された。

この各州ビジネストラスト法は，2000年前後からスタチュートリ・トラスト法と名称を替えていく。例えば，デラウェア州法も，1988年の制定当初はビジネストラストと称されていた。しかし，その後，破産法上で定義さ

Sec1：不動産投資信託とは，法人格なきビジネストラストもしくは法人格なき団体である。団体は，当州によってentityとして，承認される存在である。この投資信託の受益権持分は，譲渡性ある株式によって表章される。Sec2：信託宣言には，発行予定株式数・株主総会の開催・受託者の3年毎の選任・種類株式の内容，などを記載する。また，受託者会議によって，発行株式数の増減に関して，上記の信託宣言を変更できる。信託宣言の変更については，株主総会へ付議し，2/3の承認で変更するほか，受託者会議による変更も許容されている。一方，受益者は，その過半数の決議によって，受託者を解任できる。Sec3：不動産投資信託は，訴訟の主体となる。不動産投資信託は，永久禁止則によらず永続性を有し，契約・資金調達・動産不動産の取得と処分，などの事業の遂行について，法主体性をもつ。Sec5：他のビジネストラストとの合併，あるいは他の形態（株式会社・組合・LLCなど）に転換することができる。これに伴う，反対株主の取扱いは，会社法と同様である。不動産投資信託の終了としては，任意的解散・財産分配による一部または全部の活動休止・裁判所の命令による解散，のそれぞれの事由がある。Sec6：信託の受益者・受託者は，債務について人的責任を負わない。一方，信託財産は，かかる債務弁済を満足させるための執行の対象とされる。

第3章 ビジネストラスト制定法の確立

れるビジネストラストとの区別をつけるために，2002年のデラウェア州法改正により，スタチュートリ・トラストと称されるようになった。具体的には，連邦倒産法上の定義として，"persons"の中に会社（ここでは，"corporation"とされている）が含まれており[148]，そしてこの"corporation"の中にはビジネストラストが含まれている[149]ため，これとの混同を避ける意図もあった[150]のである。

　このビジネストラストからスタチュートリ・トラストへの移行は，単に名称のみならず，概念の変化も伴っている。端的にいえば，ビジネストラストに対して，団体的把握を主とする方向性を明確にしたといえるのである。

　しかし，このことは，ビジネストラストのもつ契約的要素を否定するものではない。デラウェア州法第1条（定義）においても，スタチュートリ・トラストには，コモン・ロー上のビジネストラストあるいはマサチューセッツ・トラストとして知られるタイプの信託をも含むとされている。このようなコモン・ロー上の信託が，第10条(a)項1・2号に定める州務長官による登録手続を経ることによって，州政府による制定法上の信託すなわちスタチュートリ・トラストとなる。換言すれば，そのような手続をとらない，当事者の取り決めと運営にとどまるコモン・ロー上のビジネストラストの存在もまた，認識されているのである。

　ここで検討すべきことは，スタチュートリ・トラストのとらえ方である。つまり，契約的把握が主となるコモン・ロー・トラストが，州政府によって法主体性を付与された法技術的な側面からとらえるか，それとも，従前からのビジネストラストにはない新たな法理をそなえた存在をスタチュートリ・

---

(148) 11 U.S.C. § 101(13) (1978 & Supp.2005).
(149) 11 U.S.C. § 101(9)(v) (1978 & Supp.2005).
(150) これらの議論の参考として，航空機ファイナンス・スキームのSPCが，倒産法規でいうところのビジネストラストには該当しないとして，財産の倒産隔離，すなわち一般破産財団への組み入れ回避が認められた判例がある。In re Secured Equipment Trust of Eastern Air Lines, Inc., 38 F.3d 86 (2d Cir.1994).

71

トラストとみるかの違いである。この検討のため，次節で統一スタチュートリ・トラスト法の概要を整理し，それをふまえて，次章以降，新たなビジネストラスト法理を考察していく。

第5節　統一スタチュートリ・トラスト法の概要

　統一州法委員全国会議（National Conference of Commissioners on Uniform State Laws，以下 NCCUSL と略す）では，1990年代からビジネストラストに関する統一法典の草案を進めてきたが，2009年に最終案[151]が採択されるに至っている。

(151)　同法の全体概要としては，まず第1章（総則）において，定義（102条），統括文書の役割・内容（103条），強行規定（104条）などを定めている。また，第2章（組成，信託証書とその他提出文書，手続）では，信託証書の役割・内容（201条），署名と提出・承認手続（203条ないし206条）の他，訴訟代理人（209条ないし211条），年次報告（213条）などについての手続規定をおく。第3章（統括法と承認，存続期間，スタチュートリ・トラストの権限）は，本法の特色が現れている部分である。受託者・受益者から独立した法主体であること（302条），債務への責任の主体，受託者・受益者に人的責任がないこと（304条），永続的な存続（306条），財産への権利主体となること（307条），訴訟主体となること（308条）などが明確にされている。第4章（信託内部のシリーズ）も，一般信託法との相違が大きいところである。ここでいうシリーズとは，信託全体の中での各個別分掌業務を示している。同章では，統括文書による種類設定（401条），各債務の独立性（402条），種類ごとの受託者の独立性（403条）などが，明文化されている。次いで，第5章（受託者と信託管理）では，受託者の権限（502条），多数決の原則（503条），受託者と取引する者の保護（504条），行動基準（505条），誠実な行為への免責（506条）などの具体的な条文に特色がある。また，一般信託法と同様に，情報収集の権利（508条），費用償還・免除（509条），受託者への指図（510条），受託者による権限委譲（511条）などの規定も定められている。第6章（受益者と受益権）では，受益権の自由譲渡性，特定財産を表章しないこと（601条），多数決議決の原則（602条），出資履行義務（603条）などがおかれている。また，第7章以降は，組織転換・合併の他，解散と清算などの規定がおかれている。

なお，各州における現在のスタチュートリ・トラスト法に鑑みれば，本法も統一スタチュートリ・トラスト法とするのが自然である。しかし，NCCUSLでは，"entity（独立実体）"の語句を加えて，統一スタチュートリ・トラスト・エンティティ法としている[152]ことが着目される。すなわち，この法に基づき設定されようとする信託は，訴訟や財産の所有および取引において，自ら権限をもつ存在であり，いわゆるコモン・ロー・トラストと対比される。コモン・ロー・トラストには法的な主体性はなく，信託財産を所有する受託者が責任主体となるのが原則である。この観点から，上記の名称を用いているのである。

以下，本節では，デラウェア州法を題材に考察した，一般信託法理と異なる要素，すなわち統括文書の権能・受託者の義務の軽減・組織運営の柔軟性の各々について，本法の条文において確認していく。

(1) 統括文書の権能

第1章102条2項，6項，18項において，各々，信託証書（certificate of trust），統括文書（governing instrument），信託文書（trust instrument），の定義がされている。信託証書は，スタチュートリ・トラストを組成するための登録手続上，州へ提出されるべき記録文書である。一方，信託文書は，スタチュートリ・トラストの内部管理と事業遂行方法を定める文書で，具体的には，信託契約（trust agreement），信託宣言（declaration of trust），附属定款（by law）などを指す。そして，これらを合わせて統括文書としている。

この統括文書については，103条に規定される。まず，同条(b)項と104条に定められた強行規定以外のあらゆる事項，すなわちスタチュートリ・トラストの経営・内部管理・事業運営の方法，および受託者・受益者と信託自体

---

[152] 本法起草委員の問題意識が反映されている箇所である。ここでは，既存の信託（つまり，コモン・ロー・トラスト）において権利の主体とされてきた受託者から独立して，法律行為の主体・訴訟行為の主体となり得る実体として，信託（すなわち，スタチュートリ・トラスト）をとらえていることから，スタチュートリ・トラスト・エンティティと称しているものと考える。

の権利・義務・権限等の内容については，統括文書で定めるものとしている。このことからも，当事者によって設定された統括文書を主体とする発想[153]が確認できる。

統括文書において定めることのできる具体的内容については，103条(e)項に例示列挙されている。例えば，受益者の持分譲渡を制限できること（2号），スタチュートリ・トラスト内にシリーズを設定すること（3号），受託者・受益者・受益権について，権限と義務の異なるクラスを設定できること（5号），特定の受託者あるいは受益者の議決・承認なく，統括文書の修正（6号(A)），合併・転換（6号(B)），受託者の指名（6号(c)）などができること，があげられる。なお，これらの大半はデラウェア州法の規定を基礎にしていることが，起草委員コメントにも示されている。

統括文書は本法規定にも優先する強い権限を有するため，この統括文書の変更については，103条(d)項に示すようにすべての受益者の承認[154]によるとの原則が定められている。このことは，信託の変更（trust modification）に関するコモン・ロー・トラストの原則とも一致する[155]。しかし，これもまた，統括文書に代替手続が定められていない場合に限ってのことである。例えば，上述のとおり，103条(e)項6号(A)では，特定の受託者や受益者の決議・承認なく統括文書の変更ができることを定めているし，また同条同項10号では，統括文書にあらかじめ定めた事由に該当した場合，該当条項に利害を有する受益者全員の反対がなければ，変更できることを定めている。

---

(153) 103条についての起草委員コメントは，同条(a)(b)項は，本法がデフォルト・ルールであることを強調するものである。つまり，本法規定は統括文書に該当条項がないときのみ適用される性質のものであること，また104条に列挙される強行規定以外は，統括文書に優越することはない。この意味で，スタチュートリ・トラストは，当事者によって定められる統括文書に基づく団体自治の性質が高いといえよう。

(154) ここでは，受益者の決議の過半数ルール（602条1項）が適用されず，全員一致ルールが適用される。

(155) Bogert, supra note 101, §145, at 515. また Unif.Trust Code (2000) §411(a)でも，すべての受益者の同意による変更・終了の原則が示されている。

第3章　ビジネストラスト制定法の確立

この変更については，そもそも受託者の同意・承認は必須とはされていない。つまり，受託者にしてみれば，自らの権限と責任を規定する統括文書の変更に関して，決定的な抑止能力はないものといえよう[156]。

　一方，統括文書によって変更・制限することのできない，いわゆる強行規定（mandatory rule）は104条に定められている。その主だったものは，次のとおりである。まず，同条1項では，スタチュートリ・トラスト設立に関する州との手続全般を強行規定としている。次いで，505条に定める受託者の行為基準も強行規定である。ただし，誠実にスタチュートリ・トラストの最大の利益を目指し，同じ立場の者からみても適切な注意を払っているとされる基準を，統括文書は定めることができる（104条5項）。また，506条の受託者が誠実に行為する義務については強行規定であるが，統括文書はみずからその基準を定めることができる（104条6項）。同様に，508条の受託者の情報収集の権利についても，統括文書は，その情報が受託者の義務免責に係るものか否かの基準を定めてよい（7項）。また，受益者に関する強行規定としては，609条で受益者による訴訟権限を強行規定としている。しかし，これについても，不合理でなければ統括文書は追加条件を設定できる（12項）。

　このように，登録手続については純粋に強行規定とされる一方で，受託者および受益者の権限と義務については，統括文書による撤回や変更，少なくとも修正が可能とされている[157]。たしかに信託法理上も，これに関連する

---

(156)　なお一般信託法理でも，受託者には，信託条項の変更に関する変更権限が含意されていることはない。信託条項の変更は，特段の条項が付されていない限りは，委託者がその権限を留保すること，あるいは受託者・受益者全員を含めて裁判所に申し出ることが原則とされている。また，当事者間による変更合意がなされた後から，受益者が異議を申し立てることはできないが，委託者・受託者間のみで変更合意をしても，それは有効とはされない。Bogert, supra note 101, §145, at 514-15.
(157)　ただし，受託者の悪意・重過失に基づく行為に関しての費用償還や免責を認めないことについては，統括文書による調整の余地はない。

事項はある⁽¹⁵⁸⁾。また，信託法理と共通するのは，「受託者は統括文書の条項に反する，あるいは信認義務に反する指図に従わないこと（505条9項）」としている強行規定である⁽¹⁵⁹⁾。ただし，これについても，505条5項が受託者の信認義務の基準の修正を許容していることは，上記・同条9項の効果を制限するとの指摘もある⁽¹⁶⁰⁾。

(2) 受託者の義務の軽減

501条では，スタチュートリ・トラストの事業と内部管理は，受託者によって，あるいは受託者の承認のもとで行なわれなければならないとされ，統括文書によって与えられている権限（502条1項）を受託者は行使するものとされている。

この行為基準は，上述した強行規定の1つである505条に定められている。すなわち，誠実に行動すること，そして，スタチュートリ・トラストにとって最善であると受託者が合理的に考えるやり方で行動することである（505条(a)項）。また，同じ状況におかれた人が，合理的にみて適切と信じられるだけの注意をもって行動すれば，受託者はその結果生じる責務について免責される（505条(b)項）。この条文は，模範会社法（Model Business Corporation Act, MBCA）§8.30（2005）を参照している。

---

(158) Unif.Trust Code（2000）§1008（受託者の免責）では，原則的に信託条項によって受託者の免責を認めるが，不誠実や信認関係への違背がある場合は裁判上の効力をもたないこととしている。

(159) Unif.Trust Code（2000）§706(b)では，受託者の解任事由をあげているが，(2)号では他の共同受託者に協力しないこと，(3)号では意欲の欠如による効率性の低下などがあげられている。これらは，受託者としての信認義務を構成する要素と考えられる。

(160) 104条について起草委員コメントは，明白に不合理であるとされるものでなければ，受託者の信認義務に係る行動基準は統括文書によって変更できるものである，としている。つまり，同条9項で定めていることは，明白な信認義務違反にあたる統括文書の条項には従うべきでないということだけであり，合理的な範囲での受託者への義務の強弱は，統括文書によって与えられるべきものと解釈できる。

この505条(a)項は忠実義務，また(b)項は善管注意義務に係る内容であるから，受託者の権限は信認義務に従って行使されるもの[161]との信託法理が，スタチュートリ・トラストにも反映されているといえよう。しかし，起草委員の本条文コメントによれば，本法でいう受託者の信認義務は，より厳格な信託法のものというよりもむしろ，株式会社におけるそれを模範としている。贈与による財産移転の中で発展してきた信託法の信認義務とことなり，会社法における信認義務は，商業的関係者のニーズに応える形で発展してきた[162]。スタチュートリ・トラストは事業組織として利用されているため，会社法における信認義務の性格に近いことが理由といえる。なお，デラウェア州法では，もし統括文書に別の定めがない場合には，適用されるべき信認義務の基準はコモン・ロー・トラストに従うとしている（3809条）[163]。

また506条では，あらゆる義務に関する受託者の違反が，統括文書の条項，スタチュートリ・トラストの記録，その他専門的な見解に対する誠実な信頼に基づくものであれば，受託者はスタチュートリ・トラストおよび受益者に対して責任を負わないことが定められている。ただし受託者は，その信頼が客観的にみて合理的であることを示さなければならない。このことは，信託法理にも示されている[164]。特に専門的見解については，受託者が自らの考える運営方法にとって好ましい見解だけを採用しようとするおそれもあるからである。

---

(161) Restatement 3rd of Trusts §70 at 8,Comment(b)(2005).

(162) Rovert H.Sitkoff, *Trust law, Corporate Law, and Capital Market Efficiency*, 28 J.Corp.L.565, 572-82 (2003).

(163) 統括文書等に別の定めがある場合を除き，一般信託法が適用される旨の規定である。また，3806条(c)項にも受託者等は，コモン・ローまたは衡平法上の義務を負う限りにおいて，統括文書によってその義務を拡大・制限・排除できるものである，と定められている。有吉尚哉「証券化のビークルとしてのデラウェア州のスタチュートリ・トラストの特性——新信託法における柔軟性と比較して——」クレジット研究第39号84頁（2007年），87頁参照。

(164) Restatement 3rd of Trusts §77 at 85,Comment b(2)(2005).

(3) 組織運営の柔軟性

401条では，統括文書によって，スタチュートリ・トラストの中に複数のシリーズ（series，個別分掌業務の意味に解される）を設定できることを定めている。同条(c)項には，各シリーズが異なる目的をもつことができるとされているが，これは例えば，運用ファンドが投資対象や条件を分ける際に有効であろう。ただし，同条(b)項のとおり，個々のシリーズがそれ自体，スタチュートリ・トラストから独立した実体とされるわけではない。

このことに関連するのが，403条の受託者の義務である。同条によれば，少なくとも，すべてのシリーズと信託全体の利益を考慮すべき受託者が定められていれば，統括文書によって，その他の受託者は特定のシリーズのみの利益に配慮すればよいこととできる。個々のシリーズは独立した実体ではないから，スタチュートリ・トラスト全体の利益を考えて運営をおこなう受託者が必要である。ただし逆にいえば，そうした受託者が最低1名確保されていれば，それ以外の受託者は，任されたシリーズの利益のみに配慮して行動すればよいこととされている。これも，受託者に関する一般信託法理とは異なる点である。

第4章　ビジネストラスト解釈論にみる組織的特性

第1節　ビジネストラストの法的特性と一般信託

(1)　一般信託の法的特性

　米国ではビジネストラストを信託の一類型と認識する考え方が広がっている[165]が，統一信託法典[166]やリステイトメント[167]の中では，ビジネストラストについての規定が直接おかれているのではなく，各州が制定する法典[168]の中で，ビジネストラストに関する規定が設けられている。ちなみに，

---

(165)　海原・前掲注(36)36頁参照。新井誠『信託法』[第3版](有斐閣，2008年)15頁参照。Robert H.Sitkoff, Trust as "*Uncorporation*": *a research agenda*, 2005 U.Ill.L.Rev.31, 32 (2005). Nathan Isaacs, *Trusteeship in Modern Business*, 42 Harv.L.Rev.1048, 1060-61 (1929).Frankel, supra note 34, at 325-26. 一方で，ビジネストラストを法主体性がある組織（legal entity）とする議論は19世紀末期から広がり，判例上も後述する支配基準などが確立していった。Sheldon et al., supra note 12, at 429.

(166)　Unif.Trust Code (amended 2005).

(167)　米国法律協会により，1935年に第1次，1957年に第2次の信託法リステイトメントが，各々刊行された。また第3次については，2003年に第1巻（信託の性質・特性・種類，信託の設定から成る1章から26章）および第2巻（信託の構成要素，受益者の権利の性質，信託の変更・終了から成る27章から69章）が刊行され，さらに2007年に第3巻（1992年のPrudent Investor Ruleを含んだ信託の管理，から成る70章から92章）が，各々刊行されて現在に至っている。

(168)　工藤・前掲注(55)108頁以下では米国各州におけるこれまでの制定法を，Ⅰ期からⅢ期までに区分して，詳細に説明している。これによれば，Ⅰ期は20世紀前半，マサチューセッツ・ニューヨーク・ウィスコンシン・フロリダ州等があげられ，ビジネストラストは信託証書あるいは信託宣言に基づく任意団体であること，受益権が持分証券に分割されること，一定の届出義務を課すことなどを定めている。Ⅱ期は20世紀半ばから1980年代までで，メリー

第Ⅰ部　米国ビジネストラストにみる組織理論

わが国の信託法[169]にもビジネストラストについての明確な定義がないが，信託を民事信託と商事信託に区分すると，集団的な投資手法に例示されるような投資運用を行なう仕組みや，受託者が事業を営む仕組み[170]からは，商事信託として把握することができよう[171]。

ランド・テキサス・カンザス・カリフォルニア・オハイオ・ペンシルバニア州等，およそ20数州があげられている。ここでは，ビジネストラストを州内で事業をなすための公認団体形式として許可すること，その事業名において訴訟当事者となり得ること，組織の永続性があること，受益者は有限責任であることなど，会社法の準用規定としての性格が出ている。また，Ⅲ期は1990年代以降であり，デラウェア州の制定法を範として，ヴァージニア・コネティカット州等，10州近くが制定・改正を行なっている。その内容は，会社法の準用ではなく，授権法としてビジネストラストに，受託者からも独立した法主体性を認めていることに特徴があり，このため受託者の地位は信託財産の機関（agent）と解釈されることも説明されている。

(169) 平成19年9月30日に施行された信託法では，資金調達手段として普及してきた資産の流動化スキーム等に，信託を活用することも視野におき，流動化対象資産を譲り受けた信託会社が，自己信託としてこれを扱い，さらに受益権を発行販売することも可能となる規定もおかれている。ただし，これらも含めて，特別法ではなく信託法の範疇である。鈴木正具・大串淳子編『コンメンタール信託法』（ぎょうせい，2008年）22頁参照。

(170) 海原・前掲注(23)4頁。Dudlet, supra note 33, at 638. また商事信託の分野でも，それ自体の信用力で資金調達を行うことと，資産を保有して倒産隔離をすることの2つの概念があり，ビジネストラストは本来，後者について適しているとする見解もある。Frankel, supra note 34, at 344.

(171) 民事信託と比較した場合の一般的な定義として，委託者や受益者が多数となる集団的な当事者関係が形成される場合，あるいは受託者の役割が通常の財産の管理処分を超える場合，などを商事信託とする考え方がある。神田秀樹「商事信託の法理について」信託法研究22号50頁（1998年）参照。また商事信託とは，受託者による信託の引受が営業としてなされるものであり，これと反対に，商行為とならない非営業の信託を民事信託とする区別がある。四宮和夫『信託法』[新版]（有斐閣，1989年）45頁参照。さらに，受託者が自らの判断と裁量権の行使によって，信託財産の管理運用を行なう責務を負っている信託と，逆にこのような責務はなく，単に受益者のために信託財産の名義を有しているだけの信託に区別することもできる。この前者をactive

第 4 章　ビジネストラスト解釈論にみる組織的特性

　ここで、「ビジネストラストは信託の一形態であり、信託の仕組みを基礎においている」と解するためには、信託において根本となる法的性質とはどのようなものかについて、まず検討する必要がある。この点に関して、米国における信託類似の法形態との対比によって考察してみる。どのような法的性質を有していれば信託といえるかの基準を確認することは、信託の一類型としてのビジネストラストを定義するための前提作業とも位置づけられる。

　まず、寄託（bailment）との対比を行なってみる。寄託は、委託者の利益のために受寄者が行為をする点では、信託と類似した要素はある。しかし、信託の受託者は財産の権利を取得するが、寄託においては、一般的な財産権が委託者に残されたままである相違点があげられる。また、信託は衡平法において発展し、受益者の利益はエクイティ上のものであることに対して、寄託はコモン・ロー上の行為であり、委託者の利益も法律上のものである点も相違している[172]。

　次に、代理（agency）との対比を行なう。代理は、当事者間に信認関係があり、他者（本人）のために財産の管理を行なう点は、信託と類似している。しかし、代理人[173]は財産の所有者とはならないこと、また代理人として正当に行なった行為に関して、第三者へ個人的な責任を負わない一方で、信託の受託者は、受託者としての行為について個人的責任を負う点[174]が異なっ

---

　　　trust といい、後者を passive trust という。Bogert, supra note 101, §45, at 167.
(172)　Bogert, supra note 101, §13, at 29.
(173)　なお、委任における受任者（commissioner）も、委任者との契約に基づき法律行為を行なうこと、あるいは善管注意義務をもって事務処理を行なう点では代理人と共通するが、自己の名で権利を取得することがある点が、代理とは異なる。米国においては、私人間の委任よりも、公的職務や法定外証拠調べに係る裁判官などが受任者の職務として多数を占めており、かつこれらは有償であるため、この点はわが国の民法上の委任とは相違しているといえよう。
(174)　受託者は、特に免責条項を明示しない限りは、個人的責任を負うのが一般的信託法理である。ただし、受託者には信託財産に対する求償権がある。受託者と称されていても、その実質は代理人とされた判例（Viser v. Bertrand,

第Ⅰ部　米国ビジネストラストにみる組織理論

ている。

　代理との対比における信託の法的性質としても，やはり受託者が財産の所有者となることと，受益者の権利がエクイティ上のものであることが指摘できるが，これに加えて，信託の受託者の負う無限責任の原則もあげられる。受託者は財産を支配し，また受益者から支配をうけないことの代価として，自ら信託事務の遂行に係る債務の主体となり，特に免責条項を明示しない限りは，個人的責任を負うのが一般信託法理である[175]。

　また，債務（debt）との対比からも考えてみる。信託は，受託者の義務が特定の信託財産と関連付いている点で，債務と区別される。信託は，信託されるべき財産権の移転によって生じるものである[176]。一方，債務は約因となるべき契約によって生じるものであるし，通常，特定の財産と結び付けられる必要はない。このことは，破産処理をする場合に，信託財産は一般財産から分離されて受益者の弁済に供されるが，一般債務であれば債務者間の割合（プロラタベース）での充当となる原則[177]からも理解される。

　なお，信託か債務かの判断基準としては，弁済義務者が，特定の財産を原資に義務の履行を予定しているかどうかにおくことができる。この場合，その義務者は当該財産についての受託者とみなされる。しかし一方，義務者にとってその手中にある財産の中で，利便性の高いものを用いて義務を履行しようとしているだけであれば，それは契約上の債務者として認識される[178]。

---

　　16 Ark.296（1855）），受託会社が顧客のためにカストディアン口座を設け，証券の保管，配当等の収受と分配，さらに自発的あるいは顧客の指図によって証券売買まで行なっていても，この会社は代理人であるとされた判例（McKay v. Atwood, 10 F.Supp.475（1934））などがある。
- [175]　Bogert, supra note 101, § 13, at 36.
- [176]　Bogert, supra note 101, § 26, at 77. また，この観点からすると，債権債務関係のなかでも，賃貸借は財産権の移転が伴わないため，対象外とされる。
- [177]　City of Sturgis v. Meade County Bank, 38 S.D.317, 161 N.W.327（1917）.
- [178]　これに関する態様としては，担保預金（security deposit）がある。例えば，賃借人が地主のために保証金を預金することがあるが，通常はこの資金だけを特別な預金口座として分別管理するものではないため，当事者関係が

第4章　ビジネストラスト解釈論にみる組織的特性

また，債権者・債務者間には，相互の利益を保護するために行動すべき義務はないが，信託では，受託者は受益者との取引から利益を得てはならない原則など，信認関係によって構成されることも法的性質の1つといえる[179]。

以上から考えると，信託の法的特性として，次の各点があげられる。まず，受託者が信託財産に関する権利を取得し，その特定の財産を原資として責任の履行を行なう点である。そして次に，受託者は信託の管理運営によって生じる債務について，基本的には無限責任である点もあげられる。また，受益者は財産それ自体に対しての権利ではなく，エクイティ上の権利，すなわち受託者がその財産を管理運用することによって生じる利益を受ける権利のみを有している点も，信託の特性とされる。

(2)　ビジネストラストの法的特性

ビジネストラストについての一般的な定義は，「成文の信託証書または信託宣言に基づき設定され，信託財産上の受益権を表章する持分証券（shares of beneficial ownership in the trust）が発行されて，この所持人すなわち受益者（beneficiary あるいは certificate holder）のために，受託者によって運営される法人格なき団体[180]」とされている。ここでいう持分証券は，譲渡自由（freely transferable）であり，株式会社の発行する株式のように流通性を有

　　　銀行を受託者とした信託であるとはみなされない（Povey v. Colonial Beacon Oil Co.,294 Mass.86, 200 N.E.891（1936））。また顧客の証券投資目的等の資金を銀行などが受領した場合，もしこの資金が直接に専用口座に入金され，かつ顧客名義の投資に充当されるのであれば，この顧客と銀行の間に信託関係が認められる（kornbau v. Evans, 66 Cal.App.2d 677, 152 P.2d 651（1944））。当該資金が，銀行のその他の資金と混和しないからである。また，信託と解するためには，当該資金について預金利息が支払われないことを要件としてあげる判例（Steuber v. O'Keefe, 16 F.Supp. 97（1936））もある。利息とは，銀行がその資金を自らの用に供するための対価と考えるからである。
(179)　Bogert, supra note 101, §26 at 79.
(180)　海原・前掲注(36)35頁参照。工藤・前掲注(55)1-2頁参照。 Dockeser, supra note 32, at 116.

83

し，小口の出資資金を大量に集められることが1つの特徴である。また，一般の信託と同様に「信託財産に関する権利は，信託の名のもとに受託者によって保有され（held by the trustees in the name of the trust），信託証書または信託宣言に定められた条項に従い，受託者によって運営管理（managed by the trustees pursuant to a declaration of trust）される[181]。」

ビジネストラストは，上述した一般信託と共通する法的特性と，ビジネストラストとしての独自の法的特性の両者を有している。このうち前者としては，信託財産の支配権限が受託者へ移転すること，受益者は受託者に対するエクイティ上の請求権を有すること，受託者は信託債務について特段の定めなき限りは人的責任を負うこと，の各点があげられる[182]。これらは，信託の本質に合致する事項である。代理人に対して本人は支配的な権限を有するが，ビジネストラストの受益者は，受託者に対してかかる権限をもたない。しかし，そのことの裏返しとして，債務に関して本人としての責任を負うこともない。また受託者は，金銭などの信託財産を所有して，その財産運用による収益を受益者へ配分する義務を負っている。これは，受益者が大多数に

---

(181) Dudlet, supra note 33, at 638. また，株式会社における株式と受益権との比較も議論されてきたが，形式面として，発行額の上限がないこと，定款記載などの義務がないことなど，ビジネストラストの自由度が認識されている。Wilgus, supra note 1, at 213.

(182) 受託者は，外部債権者との取引条項に「当該取引に係る，受託者の契約上の責任を免除し，求償の対象信託財産に限定する」旨の責任制限明示特約を入れることによって，個人責任を回避できる。この手法についての争いは少ない。これに対応する，信託財産への求償については，当初の間接責任論，すなわち，債務者は受託者の有する信託財産への損失填補請求権に代位するとの考え方から，直接責任論，つまり債権者による直接の権利行使を認める考え方へと変わっていった。この直接責任論に伴い，受託者と信託財産の間に一種の代理関係を構成し，信託財産に実質的法主体性を認める説が生じてきた。一方，受益者に関しては，信託債務が信託財産の総額を超過した場合の責任（追加出資や人的責任）が問題となるが，受益者は外部債権者と直接の法的関係に立つことなく，信託内部の求償関係のみに配慮すれば足りるものである，との判例法理が確立している。工藤・前掲注(55)66-75頁参照。

のぼるビジネストラストでも，その他の一般的な信託でも同じことである[183]。

一方，ビジネストラストとしての独自の法的特性を列挙すると，次の各点があげられる。まず，信託目的である。一般信託では，財産の保全と管理に問題意識が強くおかれる。一方，ビジネストラストでは，財産の効果的な運用と収益の配当が信託目的の中心となる[184]。

次には，受益者である。一般信託における受益者は，単独から数名にとどまることに対して，ビジネストラストは集団的な投資手法に利用されることもあり，不特定多数の受益者によって構成されることが多い。不特定多数の受益者と受託者の間および受益者相互間には，人的なつながりはないため，団体自治としての規律（信託条項）の存在が欠かせない。

また，信託目的や受益者の特性に伴って，信託財産についても，ビジネストラストには独自性がみとめられる。一般信託では，親族間の財産継承あるいは企業の預託する金銭などが中心である。一方，ビジネストラストでは，同じように金銭が預託されるにしても，その多くの場合は不特定多数の投資家からであり，また金銭は不動産や有価証券などに転換されていくことが多

---

(183) Wrightington, S.R., The Law of Unincorporated Association and Business Trusts §37 at 207-08 (2nd ed., Little Brown, 1923).

(184) 証券投資信託のように委託された金銭の運用成果を追及するタイプの信託がある一方，資産流動化スキームのように，信託に期待される機能は，専らオリジネータの倒産リスクからの遮断にあるタイプの信託もあり，ビジネストラストが適用される信託目的も，単一とはいえない。商事信託研究会『商事信託法の研究——商事信託法要綱およびその説明』（有斐閣，2001年）48-50頁参照。また，田中和明『新信託法と信託実務』（清文社，2007年）359頁および365頁では，わが国で考えられる事業の信託の利用について，有益な概念区分がされている。それによると，まず，事業型の信託と事業自体の信託に区分し，さらに前者は米国のビジネストラストに類似する利用として，一般大衆から資金を集めてその利益を受益証券所持者に分配する信託と，プロジェクトファイナンスにおける資産保有目的のビークルとしての信託に区分している。このように，信託の目的によって，その形態も異なってくることが分かる。

い。あるいは，委託者が単一であっても，営利事業の遂行が信託の目的とされて，事業自体が信託財産とされている[185]。

相違点として列挙した各要素について考察すると，これらは相互に関連して，一般信託とは異なるビジネストラストとしての特性を形成していることがわかる。まず，事業を経営し利益を獲得するという信託目的によって，受益者には出資者としての責任が伴うことである[186]。契約によって自由に設立できるビジネストラストの出資者が，安易に有限責任を獲得できるとなると，制定法によって設立要件が厳格に定められている事業形態の出資者と比べて，衡平に反するため，それに伴う責任を要求されるのである[187]。

また，ビジネストラストでは，出資金を拠出する者が，多数の投資機会の中から自らの判断によって，当該ビジネストラストを出資対象として選定している。一般信託の受益者のように，委託者が受託者との間で信託を設定し，受益者はある意味で一方的に，その法的効果の枠の中に組み込まれるのとは状況が異なるのである。

一般信託との第1の相違点である信託目的は，第2の相違点である受益者の不特定多数化と結びつく。上述のとおり，ビジネストラストの出資者は多数に及ぶことが通常である。つまり，個々の受益者が受託者に対して接点をもつことは容易ではなく，事業遂行の状況について把握する機会も不十分となることも想定される。この観点からすれば，受益者は必ずしも事業参加しているとは言えない。信託目的に従った運営がなされているかについての実質的な監督機能は，委託者の手にある。ビジネストラストでは，特に委託者の役割が重要となってくる。

---

(185) Stevens, supra note 3, at 117. また，事業自体が信託財産となる場合は，受託者の投資権限・借入権限が問題となるが，米国においても一般信託では，借入権限は受託者の地位によって当然に付与されるものではなく，信託条項によって付与される特別権限に属すると考えられている。井元浩史「信託財産による事業の経営について」（信託法研究6号77頁（1982年））88頁。

(186) 海原・前掲注(23)21頁。

(187) 海原・前掲注(23)21頁。

また，事業経営が信託目的とされることは，第3の相違点である信託財産とも関連する。ビジネストラストにおける信託財産は，何らかの事業全体を構成するものであったり，あるいは事業を営むための金銭・動産・不動産など個別の構成要素である。すなわち，事業をおこなう動機と，事業に必要な人的物的資源が揃っているのである。このことから，ビジネストラストにおける当事者関係は，一般信託のように委託者と受託者の当事者間契約であることにとどまらず，それ自体が営利団体（association）[188]を構成するものではないかとの議論がなされてきたのである。

　このように，ビジネストラストは，信託目的と信託財産，そして多数受益者という構成要素によって，一般信託とは異なり，またある側面では事業団体と共通する特性を有している。以下，ビジネストラストに対する解釈論の推移を概観し，そこから組織的特性を抽出してみる。

---

(188) 組織や団体に関する用語・概念について，本稿では次のように整理する。'organization' とは，共通目的のために組成される人の団体を指し，本論文では以下「組織」という。'association' とは，構成メンバーが共通目的を持つ，法人格のない（unincorporated）組織で，構成メンバーから独立した団体というべきであるが，これに直接該当する組合（partnership）に加えて，株式会社と合同会社（Limited Liability Companies, 以下，LLC とする）をも併せて，business association とする見解もある。この区分に基づく基本書として，Joseph Shade, Business Associations (3rd ed., West, 2010). 本稿では，以下「営利団体」または「法人格なき団体」という。'corporation' とは，株主から独立した人格として，行為する権限をもった存在である。また，これを設立する自然人から独立した法人格を有している。本稿では以下「株式会社」という。'company' とは，法人格のある・ないにかかわらず，事業を営む組織として，株式会社，組合，ジョイント・ストック・カンパニー，および信託，倒産事業の受託者なども包摂する広い概念である。本論文では以下「事業体」という。以上につき，Bryan A.Garner, Black's Law Dictionary (9th ed., West, 2009) 参照。

第Ⅰ部　米国ビジネストラストにみる組織理論

第2節　ビジネストラストに対する契約的把握

　ビジネストラストの当事者関係は，信託においている。わが国の信託は，委託者と受託者による契約によって成立することが大半であるが，米国においては，信託リステイトメントの見解[189]をはじめとして，信託を契約とは分離した法概念としてとらえることが一般的である。その主要な論拠は，次の2つである。

　(イ)　信託であれば，受託者破綻のときにも，信託財産は一般破産財団には組み入れられず，倒産隔離される。一方，通常の契約では，破綻時には財産は隔離されない[190]。
　(ロ)　信託は，受益者と受託者の信認関係を基礎に成立しているが，契約は財産を委託する者とこれを受ける者の関係を基礎とする[191]。

　この一般的見解に対して異を唱えるのが，ラングバイン教授である。ラングバイン教授は，現代型の信託取引に着目し，信託関係を債権的構成としてのみ把握する契約説を提唱した。ここでは信託を，民事信託と商事信託[192]

---

[189]　Restatement 3rd of Trusts §5 at 57,Comment i.（2003）.
[190]　受託者が破綻した場合には，信託財産が破産財団に組み入れられないことと対比して，契約における受益者は一般債権者としての地位にとどまることを指している。樋口範雄『フィデュシャリー［信認］の時代』（有斐閣，1999年）79頁参照。
[191]　この問題は，委託者による履行請求権を常に認めるか（積極説），あるいは当然には認めるものではないか（消極説），にも関連する。英米の信託法理では，信託関係の発生後は，委託者の信託目的は自立し，委託者の意思から離れた独自の存在を有すると考える。このため，委託者は除外されて，信託は（委託者ではなく）受託者と受益者の関係として構成される。よって，消極説の立場をとり，委託者は，法律行為自体の効力を争いうる権能を有するにとどまるもの，と考えられている。木下毅「英米信託法の基本的構造」信託法研究6号27頁（1982年）参照。
[192]　神田秀樹「商事信託法の展望」『信託法制の展望』（日本評論社，2011年）497頁以下によれば，商事信託を民事信託との対比によって定義付けると，

に大別し，議論を商事信託に限定して，同教授の説を検討してみる。

　まず，信託法理の特徴は，財産を主体として当事者関係をとらえるところにある。これは，受託者の義務不履行によって，外部債権者から信託財産が差押えられたときの，受益者の救済にあらわれる[193]。債権的側面からみれば，コモン・ロー上の損害賠償請求（damage）によって，失った財産価値相当額の賠償をうけることが受益者の目的である。一方，物権的側面からみると，エクイティ上の特定履行（specific performance）によって信託財産自体を取り戻すことが受益者の目的である。契約法理からすれば，債権的側面による救済を行なえば良しとされるが，信託においては，財産それ自体を回収することが救済の本質である。たしかに，伝統的な信託における財産は，不動産など実物が主体であったため，受益者の救済としても，当該財産の取戻し（いわゆる，エクイティ・トレーシング）の必要性が高かった。しかし，現代の商事信託分野，特にビジネストラスト形態では，金銭など金融資産が信託財産の中心である。これであれば，損害賠償によっても，受益者は信託財産自体を取り戻すこととなる。つまり，(イ)の点については，同教授の主張する契約説によっても，実質的に同じ結論を得ることができる。

　一方，(ロ)の点は，信託を委託者対受託者の関係中心にとらえるか，それとも受益者対受託者の関係主体にみるかの議論である[194]。たしかに，信託

　　受託者の役割は，財産の受動的な管理を超えるものを指すことになる。なお，受託者が信託銀行その他の組織であり，それを業として営んでいれば，かかる信託スキームは営業信託とみなされる。この意味では，民事信託であっても，営業信託とみなされるケースはでてくる。

(193)　Bogert, supra note 101, §161 at 577. なお，第三者が善意有償による取得であれば受益者の追及を免れる法理と，これを前提とした受益権の法的性質と信託の基本構造に関する論争に関しては，星野豊『信託法理論の形成と応用』（信山社，2004年）84頁以下，を参照。

(194)　この点に関してラングバインは，従前の贈与的な性格の信託においては，委託者の意思が信託を統治していたが，商事信託においては，委託者と受託者の双方の意思が反映される契約合意であり，その契約として受託者の信認義務が要求されるものである，との説明をしている。John H.Langbein, *The Contractarian Basis of the Law of Trusts*, 105 Yale L.J.625, 666 (1995).

に求められる機能は，受託者への財産移転を前提として実現されていくため，一方では，受託者の権利義務を規制してバランスをとる必要性が高い[195]。このため，受託者の違法行為などによって発生するリスクやコストを，委託者は契約の中に織り込んでいるのである。ラングバインの契約説は，この観点を強調する。

　しかし，信託法理のもう1つの側面として，受益者の存在とその有限責任を考慮する必要がある。元々，Ⅰ期におけるビジネストラストは，組合参加者の対外債務への有限責任性を確保する目的によって発展してきたものであり，受益者の位置付けは，組合からビジネストラストへと組織が展開する中での中心課題であった。

　その後，適用分野の広がりとともに，ビジネストラストを会社類似の団体，さらには，信託財産を独立した法主体（legal entity）[196]としてとらえる試みもみられていったが，ここでも，不特定多数化する受益者が，どのような形で団体自治への参加をするのか，かつそれは受益者の有限責任性と相反しないのかが検討事項であった。こうした流れからは，ビジネストラストの当事者関係については，委託者対受託者の契約関係のみならず，受益者を取り込んだ組織的な把握が促されてきたと考えられる。ビジネストラストには，ラングバイン教授の契約説による解釈とは異なる側面も考えられるのである。

---

(195)　この点は，わが国の商事信託に関する議論の中でも言及されている。新井誠「信託法の展望」『信託法制の展望』（日本評論社，2011年）484頁。

(196)　Aggregate theory（法人擬制説）は，近代英国から米国に継承された理論で，会社法人は，国王または議会の特許状によって成立するもので，その存在は法の擬制であるとする。したがって，会社を構成員個人の総体とみるため，構成員が結ぶ様々な契約の集合体と考えられる。これに対して，entity theory（法人実在説）では，会社法人は，構成員とは異なる独立した人格を有する1つの実体（entity）とされている。本間・前掲注(4)19頁参照。

第3節　契約的把握の問題点

(1) 契約的把握の論拠

　上述の議論，すなわち信託と契約は異なる要素をもつことをふまえて，ビジネストラストの当事者関係についての法的把握をこころみる。論点は，ビジネストラストを契約としてとらえるべきか，それとも団体としてとらえるべきかである。

　この検討としてまず，現代のビジネストラストに係る客観的な事実を整理すると，信託財産の変化が顕著である。すなわち，不動産から金融資産への移行である[197]。不動産と異なり，金融資産は運用の必要性を伴い，また市況を常時注視して，これに即応した行動をとることが受託者に求められる。このため，受託者も専門性を有していること，さらには受託者自身の事故・死亡による再選任の心配の要らない，受託者の機関化（institutional trusteeship）への要請が高くなってきた[198]。

　併せて，米国の信託全体としても，従前からの贈与型信託・民事信託に対して，1件あたり相当規模の財産評価額となる投資会社等，商事信託の比重が高くなっていった[199]。当然のことながら，各々の投資会社には不特定多数の受益者が参加しているため，一種の集団自治によるファンド運営が必要である。

　このような客観的状況下，ビジネストラストの受託者には，競合する他機関と比べての優位性として，1つには運用への専門能力の高さ，またもう1つには広範な裁量権限と表裏の関係にある信頼性の高さを訴求する必要性が出てきた。この後者に対応するのが，信認義務である。前出のラングバイン

---

(197)　John Langbein, *The Secret Life of the Trust: The Trust as an Instrument of Commerce*, 77 Yale L.J.165, 172（1997）.

(198)　Langbein, supra note 194, at 638-39.

(199)　今日の米国においては，いわゆる民事信託の受託財産額6,720億ドルに対して，ビジネストラストなど商事目的の信託は11兆6,000億ドルもの受託財産額を有している。Langbein, supra note 197, at 178.

教授は，この信認義務は委託者と受託者の契約の中に反映されるものと説明する。従前の贈与型信託では，契約というよりは委託者の一方的な意思が，信託を統治していた。受益者が誰で，どういう配分がなされるかという基本条件についても，委託者が決めればよいことであり，受託者は無関心であった[200]。ところが，現代のビジネストラストでは，委託者と受託者が双方向で自らの選好に適う手法を選択するため，一方的な委託者の意思によってビジネストラストが運営されるものではない。そもそも，不特定多数の受益者への配分を，委託者が特定することなど考えられない。こうした観点から，同教授は，現代のビジネストラストは委託者・受託者の契約的合意を軸にして運営されると説明するのである。

　さらに同教授は，契約のもつ任意性を強調する[201]。信認義務の目的は，広い裁量権限をもつ受託者に対して，取引を行なうに際しての規律を与えることにある。これには，受託者に与えられた権限・受託者の裁量の度合いによって，拡大と制限をやりやすくしておく方がよい。契約的発想は，これに合致するのである。

(2) 契約説の限界

　以上の契約説の意義と評価を，ハンツマン教授は次のように整理する[202]。
　まず，一般的な信託法理では，信託の財産的側面が意識される。これは，取引債権者への弁済原資・借入における担保としての財産価値・処分換価性などが重要視されるためである。しかし同時に，その財産をどのように運営するかとの管理的側面も重要である。これはまさに，委託者と受託者との取り決めによるものであるが，信託法理においては，その取り決めである信託

---

[200] Langbein, supra note 194, at 652.
[201] 忠実義務はデフォルト・ルールであることを示した判例として，In re Estate of Halas, 568 N.E.2d 170, 178（Ill. App.Ct. 1991）あるいは，In re Krause's Estate, 172 N.W.2d 468, 470（Mich. Ct.App. 1969）などが示されている。
[202] Hansmann supra note 120, at 469-70.

第4章 ビジネストラスト解釈論にみる組織的特性

目的を定めた委託者の権限行使が制限されている。信託設定後に，受託者と対峙する存在としては，受益者が強く意識される一方で，委託者については重きがおかれていない。ラングバイン教授が，これを緩和・解決するための発想として，信託を委託者・受託者による契約と把握している点は評価できる[203]としている。

しかし，ハンツマン教授は，契約的側面が強調されすぎると，現代の信託のもつ機能的な側面が見過されるおそれがある[204]点を指摘する。例えば，不特定多数の受益者から資金を集めて運用を行なう信託の場合，受託者から受益者に対する報告義務や重要財産処分に関する過半数受益者の承認などの監督機能が必要とされる。つまり，委託者と受託者の契約内容とは別に，大多数の集団的受益者を意識した規律も必要なのである。

現代的なビジネストラストでは，委託者との契約的合意に基づく信認義務だけではなく，集団的な受益者と受託者との間の関係にも重きをおく必要がある。後述するビジネストラストの団体的把握，さらには各州制定法にみられるビジネストラストのentity化[205]は，投資家たる受益者，および投資家の取引の場である市場を意識した発想といえよう。このように，委託者・受託者を主体とした契約的把握は，現代的なビジネストラストが発展する中で，受益者という視点の追加による修正を求められているといえよう[206]。

---

[203] Id. at 471.
[204] Id. at 471.
[205] 信託財産自体に，対外債務の責任主体性を観念し，当該ビジネストラストが，委託者や受託者などの信託関係当事者から法的に独立した存在とみなされることをもって，ここではentity化と考える。なお，以降の記述においては，ビジネストラストに対するかかる変化を"独立実体化"，また責任主体性を認識されたビジネストラスト自体を"独立実体"と称することとする。
[206] 法が代理コストを下げるために機能するという視点を，規範的解釈に従ってとらえれば，委託者による予防的措置と一致する範囲で，受託者の権限に伴うコストを下げることである。一方，積極的解釈に従えば，法的に委託者に許容される目的内において，柔軟かつ効率的に，受益者の最大利益を追求させるためのコスト低減，と考えられる。従来の贈与型信託については，前者の規範的解釈，一方，現代的なスタチュートリ・トラストについては，

93

また、契約的把握の問題点は、ビジネストラストの内包するコスト、すなわち委託者や受益者にとってのリスク回避のための負担への対応にもあらわれる。マーシー教授の区分に従えば、ビジネストラストが受託者によって運営されることに伴うコストは、2つに大別できる。それは、取引コスト（transaction cost）と代理コスト（agency cost）である[207]。取引コストとは、想定されるあらゆる状況を、委託者と受託者の契約に織り込んでいこうとすることによって生じる、負担と不確実性である。委託者にとって、想定されるあらゆる偶発的な状況を信託文書に規定することは困難であるし、仮にそれができるとしても非効率である[208]。またこれに関連して、代理コストとは、信託設定後、財産の管理処分に携わる受託者の違反行為を発生させないために、監視・監督する負担である。

　本来は、委託者が、受託者の権限行使が適正かどうかを常に監視する必要がある。しかし、これは負担が大きく現実的ではないため、契約によって受託者の行動基準や権限行使ルールを定めておく[209]。これが、委託者と受託者の関係を主体として、ビジネストラストを契約的把握でとらえる発想の原

　　　後者の積極的解釈によっているとする説もある。Sitkoff, supra note 162, at 648-49.
(207) A.I.Ogus, *The Trust as Governance Structure*, 36 U. Toronto L.J. 186, 187-88 (1986) においても、取引コスト・代理コストを主体に定義されている。一方、Jonathan R.Marcy, *Private Trusts for The Provision of Private Goods*, 37 Emory L.J. 295, 298 (1988) では、取引コスト・代理コストの他、委託者自身が財産の運用方法の指定などを誤ることに伴うエラーコストも含めて、3つのコストに分類している。
(208) Marcy, supra note 207, at 298.
(209) ラングバインの契約説は、委託者と受託者の関係を中心にみており、モニタリング、すなわち代理コストの低減が原点である。しかし、ビジネストラストを団体的にとらえるようになると、受益者と受託者の関係を、組織構成の中核とみるようになってくる。統一スタチュートリ・トラスト法では、統括文書の存在が大きく、これは委託者と受託者の関係を重視しているとも考えられるが、同時に、信託を独立した法主体（legal entity）とみており、これは受益者と受託者の関係を中心に組織構成をみていると考えられよう。

第 4 章　ビジネストラスト解釈論にみる組織的特性

点にある。しかし，委託者の要請によって信託目的は多岐にわたるため，契約による標準化したルールは定めにくいともいえる。また，ビジネストラストを当事者間の契約的関係のみにとどめ，取締役の権限行使を制限するような市場の力[210]を作用させないときには，取引コストと代理コストの負担が大きくなりがちである。こうした要素からは，ラングバイン教授の説明する契約概念と信認義務だけでは，受託者への監督が困難，少なくともコストの過大な非効率なものとなってしまうおそれがある。

　ちなみに，株式の流通市場をもたない点で，ビジネストラストと類似する組織として閉鎖会社[211]があげられる。ここでもやはり，株主は持株の売却による関係離脱が困難であるため，少数株主の保護策として，株主間議決権契約[212]・過半数より多い定足数と決議要件の設定[213]などがとられている。また，デラウェア州会社法にみるように，契約自由の明示的な拡大を示す規定[214]の存在もある。ビジネストラストについても，このような受益者保護

---

(210)　例えば，取締役の権限濫用による不公正取引などが明るみに出ると，上場会社であれば，一般株主からの売り注文によって株価が暴落するなどのリアクションが生じる。一例として，わが国においても 2011 年に，オリンパス㈱・大王製紙㈱などの東証 1 部上場会社に，かかる事態が生じた。これが取締役にとっての，1 つの規律として作用する。

(211)　閉鎖会社（Close Corporation）について，ここではその法的特性として，株式移転制限により当事者関係が閉鎖的に保たれることと，株式流通市場が存在しないことに着目する。

(212)　例えば，株主間契約によって，少数株主に絶対的な拒否権を与え，その結果として取締役会が無力化する効果が肯定された判例もある。Zion v. Kurtz, 405 N.E. 2d 681（N.Y.1980）. また，議決権信託や種類別株式は，取締役選出権限の行使方法についての変形モデルと解される。

(213)　判例の態度は分かれる。満場一致決議要件を無効とした判例として，Benintendi v. Kenton Hotel, 60 N.E. 2d 829（N.Y.1945）. 一方，肯定した判例として，Adler v. Svingos, 436 N.Y.S. 2d 719（App.Div.1981）.

(214)　Del.Code Ann.tit.8, §350, §351, §354（1953 & Supp.2009）. §350 は，株主間契約により，取締役の裁量が制限されたとしても，その契約は無効とならないこと，§351 は，閉鎖会社の基本定款は，株主による経営を定めてもよいこと，§354 は閉鎖会社と株主の関係が，パートナーシップに類似していて

の措置が求められるが、その前提として、委託者・受託者のみならず、受益者も視座においた立体的な当事者関係の把握が必要と考えられる。これが、ビジネストラストの団体的把握へつながっていくのである。

第4節　団体的把握とビジネストラストの独立実体化

　このように、ビジネストラストの当事者関係を、委託者と受託者との契約的側面によってのみ把握することには問題があり、20世紀後半からビジネストラストのもつ団体的側面への着目が強まってきた。それまでの判例法理の中でも、ビジネストラストと判断する根拠として会社類似性基準が用いられてきたが、1990年前後から、この基準を取り込んだビジネストラスト法が各州で制定されてくる。そしてさらに、これまでのビジネストラストが契約に基づくコモン・ロー・トラストと称されることに対して、制定法によって法主体性を認められた存在を、スタチュートリ・トラストとされるようになっていった。

　この独立実体化は、上述したビジネストラスト運営上のコストを低減し、契約条項による受託者監視の非効率性を克服するための手段となり得る。一般に、証券市場への上場会社については、株式が流通されているため、市場機構による規制が期待されるが、これと同様に、スタチュートリ・トラストの信託受益権を市場参加者の取引対象として、市場からの監視機会が得られるようにする。つまり、受託者への規律として、信認義務だけでなく、市場の力による作用も取り入れていくのである。

　ちなみに、これは、資本市場効率化仮説（Efficiency Capital Market Hypothesis, ECMH）[215]の発想とも合致する。資本市場効率化仮説においてもいわれるよ

　　も有効であること、が各々の規定の内容である。
(215)　資本市場で株式が売買される会社の取締役に対して、規律が働く効果のことである。会社の取締役の行動パターンは、信託の受託者のそれよりも多岐にわたるため、事前の予防的特定（ex ante specification）になじまない。仮に定義しようとすると、取引コストが相当に大きくなるため、市場のモニ

うに，会社・組織の経営状態が公表されると，それは市場で評価されて監視の仕組みとして機能する[216]。実際，20世紀後半以降のビジネストラストは，不特定多数の受益者からの資金を市場から吸収することを目的とするものも多く，そこには流通市場もそなわっているため，受益者による監視が有効に作用されると考えられた。

たしかに，従来のビジネストラストも，受益者に対して訴訟権限を付与し[217]，権利保護を図ってきた。しかし，集団的な投資手法の中には，訴訟費用を負担したくない，あるいは経営への監視・牽制自体に無関心な受益者が多数存在する。そこで，代替手段として，上記の市場作用が有効となる。これはもともと，株式会社の取締役に対しての「買収による脅威（takeover threat）」[218]であり，取締役にとっての規律とされていたが[219]，同様のこと

タリングに委ねることの方が効率的である点が，ECMHへの1つの説明となる。また，ディスクロージャーに関しても，株式市場で多くの投資家の対象となる会社には，「他社よりも良いディスクロージャーをすることが市場評価につながる」という動機がある。これもまた，ECMHの説明例となろう。Sitkoff, supra note 162, at 578-79 参照。

(216) Christopher Paul Suari, *The Efficient Capital Market Hypothesis : Economic Theory and the Regulation of the Securities Industry*, 29 Stan. L.Rev. 1031 (1977) 参照。法と経済学的アプローチによれば，市場は政府規制よりも費用が小さく効果の高い効率的手段を提供する。例えば，株式市場では株価が企業価値を反映するため，劣悪な経営は低い株価につながり，さらにそれは会社支配権市場（market for corporate control）で買収ターゲットとなり，株主に対する委任状争奪に取締役が追い込まれる。こうした点から，経営者への規律と監視機能となる。

(217) 各州のビジネストラスト法には，受益者による直接訴訟と派生訴訟を規定しているものが多い。またこれは，統一スタチュートリ・トラスト法609条にも規定されている。

(218) 具体的には，取締役の不適切な経営によって，市場の評価（株価）が下落し，その結果，株式買占め・買収のターゲットとされることである。株式買占めによって主要株主が交代すれば，既存の取締役は更迭される。

(219) Robert H.Sitkoff, Jonathan Klick, *Agency Cost, Charitable Trusts, and Corporate Control : Evidence from Harshey's Kiss-off*, 108 Colum.L.Rev. 749,

が，証券市場に上場されているスタチュートリ・トラスト形態の REIT・REMIC[220] についてもいえる。

　このように，ビジネストラスト運営において生じる受託者の代理コストへの対応措置は，2つに区分できる。すなわち，受託者に信認義務を求めることは予防的措置（ex ante）の範疇と考え，一方，市場による規律作用は，受託者の行為に伴う結果責任を問うものであるから事後的措置（ex post）として区別される。

　ちなみに，後者の市場評価は，受託者の代理コストを計量的に把握することにもつながる[221]。例として，2002年の Milton Hersley School Trust 事件[222]がある。持株を保有する信託の受託者が，保有する証券の売却発表をすることによって証券価格が急騰したことは，これまでの受託者による経営

787-88 (2008).

(220) スタチュートリ・トラストは，合併や経営統合が想定されており，例えばデラウェア州ビジネストラスト法においても，係る条項が用意されている。複数のスタチュートリ・トラストが合併すれば，吸収された側の受託者はその職務を外されることとなるため，株式会社の取締役に対する買収による脅威と，同様の効果も期待できよう。なお REMIC は，不動産投資運用契約（Real Estate Management Investment Contract）の略称であるが，米国においては REIT とならび，連邦課税当局から優遇措置を認められている投資媒体である。デラウェア州のスタチュートリ・トラストも，かかる媒体の利用形態とされることが中心である。

(221) Sitkoff, supra note 219, at 789.

(222) これは，訴訟には発展しなかったが，市場価格に大きな影響を与えた事件である。同トラストは，大手製菓メーカー・Hershey 社の創業者一族の社会貢献活動の一環として，育英教育資金の運用と拠出を行なうものである。トラストは，Hershey 社の株式過半数を保有しているが，2002年7月に同株式売却の発表をしたところ，株価は 62.5 ドルから 78.3 ドルに急騰した。しかし，ペンシルバニア司法長官がこの売却への反対表明をしたため，トラストが売却を取りやめたところ，株価は再び 65 ドルへ暴落した。かかる売却への差止めは，株主および信託受益者の財産価値を損ねるものではないか，議論となった。また，市場価値（株価）の変化によって，信託受託者の運営能力を計量的にとらえる可能性について議論する題材ともされた。

が満足のいくものではなく，それが受託者の交代によって是正される期待があることを示している。そして，証券価格の上昇率は，かかる受託者の代理コストを計量的に示しているといえるのである。

　ビジネストラストにおいても，受託者の経営遂行の質を測る指標が求められる[223]。一般信託の受益者には市場がないため，受託者の運営について計量的（quantitative）な評価ができない。このため，委託者が予防的措置として設定した，契約上の統治ルールという定性的（qualitative）なもので受託者の質を評価するしかない。ビジネストラスト法理は，この限界を克服することに一つの問題意識がある。市場価格があれば，委託者および受益者は，信認義務だけに依存する必要がなくなるのである。ビジネストラストの独立実体化はこのための手段であり，こうした流れが大きくなるにしたがい，ビジネストラストへの団体的把握は必要性を高めていったといえる。

---

(223)　John H.Langbein, *Questioning the Trust Law Duty of Loyalty : Sole Interest or Best Interest*, 114 Yale L.J.929, 959（2004）.

第5章　信託組織化への基礎法理

　これまでの考察により，ビジネストラストに対する法的解釈は，しだいに団体的な要素に重きがおかれるようになっていったことが分かる。またこれに伴い，制定法が各州でつくられて法的整備が進み，さらにこれらの模範となる統一スタチュートリ・トラスト法も出来上がっている。かかる新たな法規の前提として，ビジネストラストに対する法理は，かっての判例法理から，どのように進化したであろうか。本章では，この点を中心に考察していく。

第1節　統一スタチュートリ・トラスト法の特性

　一般的に，株式会社に関しては，株主あるいは取締役ではなく会社自体と取引をしているとの認識が，取引相手方にとって明確である[224]。またこれに伴い，会社の責任財産を保全するための措置として，株主への分配可能額などの財源規制がおかれている。

　一方，スタチュートリ・トラストにおいては，信託財産の保全措置，すなわち委託者や受託者の破たんと切り離された倒産隔離によって，責任財産の保全を確立している。これは，信託の基本法理であるが，スタチュートリ・トラストが受託者からの独立実体であることの発想とも整合している。この

---

[224] 事業破たん時の，信託債権者（lender）による責任追及の範囲について，「従来からの信託法理は信託自体にのみ適用されるものであるから，スタチュートリ・トラストについても，その受託者に対して債権者が直接行使することや，債権者に対する直接的な信認義務を負うものではない」とする解釈もある。Norwood P.Beveridge Jr., *Does a Corporation's Board of directors Owe a Fiduciary Duty to its Creditors?* 25 St.Mary's L.J. 589, 614 (1994). この例として，1989年制定のアラバマ州・詐欺的移転防止法が取り上げられている。Ala.Code tit.8, §8-9A-1(8)(b), §8-9A-5(b)(1993 Supp.).

第Ⅰ部　米国ビジネストラストにみる組織理論

倒産隔離性を通して，取引相手にとっては，信託財産があたかも会社自体であることと同様の効果が得られるのである。

このスタチュートリ・トラストのもつ倒産隔離性について，航空機ファイナンスへの適用事例によって確認してみる。これは，資金調達を行いたい航空会社（オリジネータ）が特別目的事業体（Special Purpose Vehicle，以下，SPVとする）を設立し，このSPVに，資産すなわち航空機を担保にした証券を発行させたり，借入の主体とさせたりする資金調達手法[225]である。このSPVにスタチュートリ・トラストが利用されることが多い[226]が，そのSPVの法的形態としては，特別目的会社とスタチュートリ・トラストの両者が考えられる。いずれも，実質的な資金調達者（オリジネータ）の信用力劣化から債権者を保護する目的を持つが，信託形態を選ぶ意味はその倒産隔離性[227]にある。航空機がオリジネータの財産であれば，破たん時にはその他の一般財産と共に破産財団に組み入れられるが，もしこれが信託財産であれば，当然に一般財産とは分離されて担保権者への弁済充当に供されるため，倒産隔離の仕組みが実現する[228]。

---

(225) なお，航空機の所有権はSPVに移転することになるが，当然に，航空機会社は機体の賃借利用（リースバック）をうけることになる。SPVは，このリース料をもって，借入の元利金返済を行なうことになる。

(226) John P.Fowler, Garret Satton, *Uses of Nevada Business Trusts*, 10 Nevada Lawyer 12（2002）.

(227) この種のファイナンス・スキームに必須の債務・証券のクラス分け（優先・劣後など），および追加的なクラス設定を，スタチュートリ・トラストの統括文書に定義することで容易に運用できる点も，メリットといえる。なお，倒産隔離と対をなす衡平裁判所の法理が，実質的な結合（substantive consolidation）である。これに該当しないためには，スタチュートリ・トラストに持たせる資産（本例では航空機）をその他の資産と区分して，航空機全体が一団としてプールされているとみなされることを，回避する必要がある。

(228) 倒産隔離は，特別目的会社の利用によっても可能であるが，特別目的会社に対する航空機の所有権移転が，真正売買（true sales）に基づくものであるかがポイントとされる。仮にこれが否認されてしまうと，オリジネータが破綻したときの倒産隔離が実現しないおそれが出てくる。これに関連して，

第 5 章　信託組織化への基礎法理

　特定の価値やキャッシュ・フローをもつ財産を拠りどころにした資金調達をもくろむ場合には，これを信託財産化する意義は高い。航空会社自体は景気循環型の産業であり，米国 9.11 事件以降の景気後退局面での落ち込みも厳しかった。このようなことから，融資や投資をする側からみると，航空機という信託財産の価値と，そこから生じるキャッシュ・フローだけにリスクを限定できる仕組みの利点は大きい。与信判断または投資判断において，航空会社自体の信用力を勘案する必要がなくなるからである[229]。

　この倒産隔離性は，スタチュートリ・トラストが信託法理に基礎をおく側面の 1 つといえるが，一方で，統一スタチュートリ・トラスト法には信託法理と完全に一致しているとはいえない側面もある。それは，統一スタチュートリ・トラスト法が信認義務に関して，信託法理のような厳格性を求めていないことである。これに代替する措置として，同法では，受益者から受託者への指図による監督[230]をみとめている。一方，一般信託法理では，このよ

　　2001 年 12 月 31 日に更正手続開始決定のなされた株式会社マイカルおよび関連会社が，更生手続開始申し立て以前に，自らを委託者（オリジネータ）として店舗不動産を信託し，信託受益権の証券化を行なった事案が議論となった。ここでの争点は，マイカル側に対象不動産の買戻し義務が残っている場合，マイカルの有する信託受益権（賃料債権）は，更生手続上，共益債権ではなく，対象不動産を担保目的物とした更生担保債権として扱われるべきではないか，という点である。つまり，更生担保権として考えられることは，信託受益権化を利用した本件スキームに関して，マイカル側による真正売買が否定されることにつながる。更生担保権とみる見解としては，山本克己教授の見解を整理したものとして，「マイカル・グループの不動産証券化についての意見書の概要」金法 1646 号（2002 年）32-34 頁参照。一方，共益債権とみる見解としては，新堂幸司「山本意見書に対する見解書」金法 1649 号（2002 年）17-20 頁参照，および山本和彦「マイカル証券化スキームの更生手続における処遇について」金法 1653 号（2002 年）44-53 頁参照。

(229)　なお厳密にいえば，リース料の源泉としてスキームに影響を与えるとは言えるが，仮に航空会社が倒産しても，その機体自体を別の航空会社へ再リースできれば，ファイナンス・スキームは継続する。なによりも，倒産に際して，信託財産である航空機が破産管財の対象とならないことが大きい。

(230)　統一スタチュートリ・トラスト法 510 条では，統括文書は受益者その他

第Ⅰ部　米国ビジネストラストにみる組織理論

うな受益者から受託者への指図は抑制されている。

　また，SPVにみるように，スタチュートリ・トラストが受働的な位置づけの場合，受託者自体にはプロジェクトの運営能力が欠如していることがある。この対応として，同法は，受託者がその業務を他の者へ委任できる[231]定めをおいている。これは，受託者業務の委任を原則として禁止している信託法理からの変化といえる[232]。

　かかる法理の変化は，スタチュートリ・トラストという形態の位置づけを不明確なものにしている。すなわち，純粋な信託の範疇から離れる一方で，株式会社とも合致しない，中間的な存在と考えられるのである。これは，前章で述べたとおり，ビジネストラストへの把握が，契約的なコモン・ロー・トラストから，受託者をはじめとする構成員から独立した実体，すなわち団体的な存在へと変化してきたことによるものである。この点が，デラウェア州法から始まるビジネストラストに関する法整備によって，さらに進展したものとみられる。

　このことから，スタチュートリ・トラストは，依然として信託の一種といえるのか，それとも信託でも会社でもない第3の極と位置づけられるのかが疑問の主体となってくる。そこで，以下では信託との相違および会社との相

──────

　　　の者が，受託者に対して，スタチュートリ・トラストの運営管理（management）について指図する権限を与えることができること，また受託者はその指図が明白に統括文書の条項に反するか，受託者としての信認義務に反するものでない限りは，指図に従うものであることを定めている。
(231)　統一スタチュートリ・トラスト法511条では，受託者は自らの権限と義務を委任できること，委託をうけた者（agent）に対する注意義務の程度は，同じ状況におかれた者が合理的と信じるものでよいこと，を定めている。
(232)　統一信託法典では，受託者は，委託者において受託者らが共同で行うものと合理的に期待する業務・機能について，他の受託者へ委任してはならない，と定める。Unif. Trust Code§703(e). しかし，同法典§807において，同じような能力をもつ合理的な受託者（prudent trustee）なら委任するのが適切であると思われる義務については，委任することができるとしている。また，Restatement 3rd of Trusts§80（2005), at 156-57でも，受託者による業務の委任は，慎重人原則に照らし合理的な範囲を許容している。

第5章　信託組織化への基礎法理

違をあげながら，スタチュートリ・トラストの本質に迫りたい。

スタチュートリ・トラストは信託を基礎にして構成されている組織であるから，まず，信託法理がスタチュートリ・トラストの中でどのように変容しているのかを把握する。次に，会社法理との相違点をあげる。スタチュートリ・トラストは，受託者他関係当事者から法的に独立した存在となり，対外的な責任主体となることや組織として永続性を得ることに特色をもつ。これらの点は，株式会社との共通項である。しかし，同じように法的独立実体であっても，株式会社と同一の内部組織形態や当事者関係が構成されているとはいえない部分がある。この点について，指摘をしていく。

そして，以上の点をうけて，スタチュートリ・トラストは，信託とも株式会社とも異なる新たな組織形態とみるべきか，それとも，あくまでも信託の一形態とみるべきか，評価をおこなっていく。

第2節　信託法理との相違

(1) 責任主体の転換

統一スタチュートリ・トラスト法あるいは各州制定法が，統一信託法典をはじめとした一般信託法上の原則を転換した第1の点は，債務の責任主体を，受託者ではなくスタチュートリ・トラスト自体としたことである。

たしかに，信託財産の管理運用の水準が高度化していくにつれて，これを引き受ける受託者の責任範囲を限定することが望まれてきた。もともと，I期のコモン・ロー・トラストにおいても，受託者の有限責任化は契約上の宣言によって行なわれてきた。しかし，独立実体化によって，この原則の転換が明確になされたのである[233]。

---

(233)　統一スタチュートリ・トラスト法304条は，スタチュートリ・トラストが受託者および受益者から独立して法主体性をもつ存在である概念を確立している。このことはまず，受託者がスタチュートリ・トラストおよびそのシリーズの債務義務等に対して個人的責任を負わず，スタチュートリ・トラストのみが単独で責任を負うことに示される。これは，Restatement 2nd of

105

第Ⅰ部　米国ビジネストラストにみる組織理論

　スタチュートリ・トラストは，債務の弁済能力を信託財産に依存することが大きな特性である。スタチュートリ・トラストの信託財産が金銭・有価証券であれば，その換価性と収益性を弁済能力の評価の基礎とみるし，また資産証券化の対象とされる各種債権や不動産が信託財産であれば，そこから生じるキャッシュフローが評価の基礎となる。したがって，取引の相手方は信託財産の価値を拠りどころとして，与信判断・投資判断をおこなう。この意味で，スタチュートリ・トラストの信託財産が受託者から離れた存在として法的に独立した実体であることに，問題は生じないであろう。スタチュートリ・トラストは事業組織の形態として不十分であるとの批判[234]もあるが，資本市場の投資家にとっては，リスク・リターンが適正な水準であれば評価に値する存在である[235]。

(2) 多数決ルールと信認義務の弾力化

　信託法理との第2の相違点は，受託者間の意思決定ルールと，その背景としての受託者の信認義務の変容である。会社組織では多数決ルールが一般化しているが，信託は元々満場一致ルールを原則としている[236]。満場一致

　　　Trust§241（1959）にみる，受託者が個人責任を負い，一方で信託財産への求償権をもつとするコモン・ロー・トラスト上のルールを覆すものである。この点は，Unif.Trust Code§1010（第三者に対する受託者の責任の制限）が，受託者の信認義務の範疇で適切に行為した結果に生じた債務義務等については，個人責任を免除されるとしていることとも一致する。そしてまた，上記の法理は，かっての判例法理であるコントロール・テストが適用されないことを意味する。なぜなら，コントロール・テストでは，受託者の選解任権限をもつ受益者は，組合のパートナーと同様にみなされて，ビジネストラストの債務への責任を負うものとされたが，統一スタチュートリ・トラスト法510条では，受益者は債務への弁済責任を負うことなく，受託者への指図という形でのマネジメントへの参加が可能，とされているからである。

(234)　Frakel, supra note 34, at 346.
(235)　Sitkoff, supra note 162, at 45.
(236)　統一信託法典は，統一受託者権限法の流れをうけて，703条(a)項において，共同受託者は全員一致の決定ができないときは，多数決で行動できると

第 5 章　信託組織化への基礎法理

ルールの利点は，受託者にとって共同責任が求められるため，受託者各人の意思決定の精度が高まり，受託者の相互監視機能が強くなることである[237]。これに対して，事業分野が拡大してくると，共同受託者全員に同レベルでの運営管理能力を期待することよりも，各受託者に責任担当分野を分けていくことが全体としての効率性に適うとの判断が出てくる。II期ビジネストラストに係る制定法および統一スタチュートリ・トラスト法には，この観点が反映されてきたのである。また，これに関連するのは，統一スタチュートリ・トラスト法に定める受託者のシリーズ分けである。各々の受託者はそのシリーズについてのみの利益を追求すればよく，また全体の意思決定にも関わらない条項[238]となっている。

このような意思決定ルールの変化の背景としては，受託者の役割が変容してきたことが考えられる。それは，統一スタチュートリ・トラスト法505条コメントにも示されている。ここでは，受益者にとって最善の利益（best interest）であれば，同時に受託者にとっての利益が生じてもよいとされており，受託者は受益者のみの利益（sole interest）のために行動すべきとする従来の原則からの転換[239]が示されている。スタチュートリ・トラストは受益権の流動性が高いため，受託者への規律として信認義務[240]だけに依存し

　　　した上で，同条(h)項で，もともと反対の意図を伝えているが，多数の決定に従い行動する受託者は，重大な信託違反となる以外はその行動について責任を負わない，とカバーされている。一方，統一スタチュートリ・トラスト法は，503条(1)項で受託者に関して，602条(1)項で受益者に関して，各々多数決に従って行動することを定めている。しかし，運営の根幹をなす統括文書の変更修正については，103条(d)項で受益者全員の承認によることを定めており，満場一致ルールが踏襲されている。

(237)　Ogus, supra note 207, at 209.
(238)　統一スタチュートリ・トラスト法403条では，1つのスタチュートリ・トラスト内部に異なるシリーズがある場合，そのシリーズは個々に異なる目的と対象を有しているため，各々のシリーズを受け持つ受託者は，そのシリーズにとって最善の利益のための義務と責任を負えばよい，ことを定めている。
(239)　Langbein, supra note 223, at 932-33.
(240)　Robert Cooter & Bradley J.Freedman, *The Fiduciary Relationship : Its*

なくてもよい。法が定めるルール（信認義務）に加えて，受益権が発行・流通される市場の評価も作用する[241]ことが，このような変容を進めたともいえる。

近時，会社法理の中では，信認義務の一要素である取締役と株主との利益相反取引について，禁止から規制へと変化が進んできた[242]。これは具体的には，取締役が外部からも十分な相談と助言を得られることと，記録の保存と情報開示による監督体制が確立していることの各点の重視である。

この判断材料のうち前者は，経営の精度を高めるためには，外部に委任その他の必要な助力を求めてもよいとの発想であるが，統一スタチュートリ・トラスト法第511条にも，同様のことが受託者業務の再委任として取り入れられている。これは信託法理からの変化といえる[243]。その背景としては，スタチュートリ・トラストの当事者関係の変化がある。つまり，受託者が機関化・専門化してきたこと，そして，いくつもの投資媒体を運営するなかにあって，利益が相反する可能性が高くなってきたのである。このために，受託者の義務履行の判断基準としても，受託者が受益者単独の利益を追求しているかを問うのではなく，公平取引義務（duty of fair dealing）の要素が取り込まれるようになったこと[244]が，ビジネストラスト法理における変化であ

Economic Character and Legal Consequences, 66 N.Y.U.L.rev. 1045（1991）.

[241] Robert H.Sitkoff, *An Agency Cost Theory of Trust Law*, 89 Cornell L. Rev. 621, 640（2004）.

[242] ある程度の利害衝突はむしろ，会社にとって利益をもたらすこともあるとの発想により，利害衝突の絶対的禁止から，これへの規制へと変化が進んできた。これを法的に支える条文が，模範会社法にもみられる。Model Bus. Corp.Act §8.60（4），§8.61（b）(1)，§8.61（a），§8.61（b）(3)（2005）.

[243] 受託者らが共同で任務にあたることのメリットは，意思決定の複層化と，誰か一人の不当な行為への牽制がかかることである。しかし，受託者間で利害の対立が生じる場合，一方の受託者がその任務に携わらないことにも妥当性がある。また，このような状況で，その自らは携わらない受託者が，他の者に委任をすることにも妥当性がある。Langbein, supra note 223, at 960-61.

[244] 統一スタチュートリ・トラスト法507条コメントにも，ある取引行為が公正であり，信託と受益者にとって最善の利益であるべき，とされている。

る。

　また，後者の情報開示義務に関しては，スタチュートリ・トラストでいえば，受託者が自らの行為が最善の利益に資するものであることを証明することである。この点，スタチュートリ・トラストでは，取引の背景への合理的な調査が容易になってきた。適用分野が金融資産の運営主体となってきたため，市場価格を通して定量的な測定ができるようになったからである[245]。委託者としても，受託者に対する十分な情報開示を，取引コスト低減のための予防的措置として条件設定しやすくなったといえる[246]。

第3節　会社法理との相違

(1) 柔軟な組織運営体制

　これまでにみた統一スタチュートリ・トラスト法の狙いは，取引主体性と訴権を信託財産自体に定めることであり，それが州によって法定された存在がスタチュートリ・トラストであった。このスタチュートリ・トラストの組織と構成員の関係について，組合および株式会社との比較の中で明確にしていく。

　組合においては，財産は組合員の共有であるから，取引は組合としておこなっていても，組合員は債務について責任を負うことが原則である[247]。しかし，スタチュートリ・トラストは，株式会社と同様に，その名義で財産を所有し債権債務取引の主体となる。つまり，取引の主体性とそこから生じる責任の主体となるのはスタチュートリ・トラスト自体である。また，組合については組合員自身が訴訟の主体である[248]が，各州の制定法上，スタチュートリ・トラストには訴訟の主体性が与えられており，この点もむしろ

---

[245]　Langbein, supra note 223, at 957.
[246]　Id. at 958.
[247]　Uniform Partnership Act (1997) §306(a)に，各組合員は，連帯してかつ各々が (jointly and severally) 債務を負うことが定められている。
[248]　Uniform Partnership Act (1997) §307(a).

株式会社と同様である[249]。

このように，当事者から法的主体性ある組織を独立実体（entity）と解するならば，スタチュートリ・トラストのみならず，株式会社もその範疇に入る。ところが，各州制定法の区分上，株式会社は incorporated association と位置づけられていることに対して，組合・LLC[250] およびスタチュート

---

[249] なお，これに関連して，権利能力なき財団に信託法理を導入して，訴訟主体性を肯定した議論がある。小野傑「信託実務の課題」『信託法制の展望』（日本評論社，2011年）523頁参照。この中では，権利能力なき財団の訴訟主体性の肯定と，これの信託への類推について，次のような論理展開が示されている。(イ)権利能力なき社団を広い概念でとらえると，社団法人に加えて狭義の組合も取り込まれる。これとパラレルに，権利能力なき財団についても，財団法人に加えて，団体性のある信託，例えば受益権がみなし有価証券化している信託を取り込む発想がとれる。(ロ)わが国の民事訴訟手続においても，判例の見解（最一小判昭39.10.15民集18巻8号1671頁）では，当事者能力が認められるものとして，まず法人でない社団であり，代表者・管理人の定めがあるものとして，組合を容れる。次いで，財団についても，目的財産は代表機関（管理者等）名義の法形式をとっても，それは代表機関の個人財産とは別個独立のものであり，財団に実質的に帰属していると解する。このような判旨から，可能な限り，信託法の法理を導入して考えるべきであり，財団の管理者は，信託法上の受託者であり，信託的所有者である。(ハ)この考え方を団体性ある信託にもあてはめて，かかる信託を権利能力なき財団と同様に，法主体性があるものとして，訴訟手続上，扱うことができるといえる。

[250] 統一スタチュートリ・トラスト法も，統一LLC法（Revised Uniform Limited Liability Company Act (2006)）を随所にモデルにしている。スタチュートリ・トラストにおける統括文書に相当するものが，LLCにおいては事業契約（Operating Agreement）であり，LLC関連法は事業契約に定めのない範囲で補充的に適用される，いわゆるデフォルトルールである。例えば，統一LLC法で強行規定とされるのは，帳簿へのアクセスへの不合理な制限・信認義務の不合理な軽減・第三者の権利の制限，などに限定されている。また，対外責任に関しては，LLCの責任について構成員は有限責任であること（同法302条），構成員自身は債権者へ直接の責任を負わないこと（同法303条(a)項），LLCが組織としての権限行使・事業経営に必要な形式を具備していなくても，構成員には個人責任がないこと（同法303条(b)項），などが定められている。その他，コネチカット州LLC法（Conn.Gen.Stat. § 34-100 to § 34-242

第5章　信託組織化への基礎法理

リ・トラストは，多くの州の制定法[251]において unincorporated association と位置づけられている[252]。

　その理由として，スタチュートリ・トラストの対外的要素と内部的要素は，異なる組織概念を基礎としていることがあげられる。実際，内部的には，当事者間の合意によって組織運営が行なえる任意性・柔軟性を有している。当事者間の契約によって成立し運営されるコモン・ロー・トラストの要素は，スタチュートリ・トラスト法にも承継されている。これまでみるとおり，統一スタチュートリ・トラスト法の条文の多くは，いわゆるデフォルト・ルー

　　（1997 & Supp.2011））では，130条(a)項ですべてのメンバーがLLCの代理人として事業遂行に参画する型と，同条(b)項で経営者（management）がLLCの代理として事業を行なう機関型の両者を定義している。しかし，133条により，LLCとしての第三者への債務について有限責任であることが定められている。
[251]　統一スタチュートリ・トラスト法の起草においてモデルとされた州の中では，コネチカット・バージニアの各州，またそれ以外にも，カリフォルニア・インディアナ・ウエストバージニアの各州がこれに該当する。
[252]　この問題への参考として，わが国の把握をみると，株式会社に対比して，法人格のない団体という概念がある。これは，組合と権利能力なき社団を包摂する。この法人格のない団体を，米国における unincorporated association ととらえ，さらにわが国でいう権利能力なき社団をスタチュートリ・トラストになぞらえると，法人格の属性である(1)権利義務の帰属，(2)訴訟当事者能力，(3)その債務名義による執行，(4)持分払い戻しの禁止，の各要素が，わが国の権利能力なき社団にも共通していることがわかる。わが国では，権利能力なき社団を組合と区別する見解は，判例・学説とも一本化されていないが，団体の内部組織に着目し，多数決の原則・団体の存続性・代表の選任手続・財産管理方法等が確定しているものであるとする見解が有力である。また権利能力なき社団の財産は，実質的には団体自体に帰属しているが，法人格を欠く結果，代表者を受託者とする信託関係が構成されるとする考え方と，社団に権利主体性を認めて社団の単独所有であるとするが，登記・登録の実務上から法人と同一の処理ができないとする考え方があるが，代表者個人の債権者の強制執行を阻止することが重要であるため，社団自身が権利主体であるという実質を貫こうとする見解が有力である。江頭憲治郎「企業の法人格」『現代企業法講座第2巻　企業組織』（東京大学出版会，1985年）61-64頁参照。

III

ルであり，統括文書などによる除外と変更の余地が高い。このため，関係当事者を団体という枠組みで括っても，それを規律するための意思決定機関や監督機関の存在が強制されておらず，大半の内部関係が統括文書などの合意事項に委ねられる柔軟な組織運営を基本[253]としている。

　このような組織構造は，強行規定によって確立している株式会社の機関構造と対比される。組織の機能を対外的な責任と内部的な管理に大別するならば，スタチュートリ・トラストは，訴訟や取引の主体性など対外的な側面では株式会社に類似している。しかし，内部的な面では，未だ株式会社と同様にはとらえられない。incorporated という概念は，対外的な観点でみれば，法主体性を具備していることといえる。しかし，内部的な意味では，当事者契約関係と区別された組織性を有していることと考えられる。意思決定や相互監視のための執行機関の具備は，このような組織性を確立するための手段であろう。この観点からすれば，スタチュートリ・トラストは内部構造の点では株式会社ほどに成熟していない。こうした点から，スタチュートリ・トラストは unincorporated association と称されているのであろう。

(2)　機関をもたない組織に関する法理

　上述のとおり，統一スタチュートリ・トラスト法は，対外的側面では株式会社に類似させた法的特性を与える一方で，内部体制面では信託を基礎とする柔軟性を求めている。このため，1つの法の中に，会社法理と信託法理の両者が併存することとなっている。

　会社法理においては，株主から経営と業務執行を委任された取締役の監督機関として，取締役会の設置が必須である。一方，信託法理にしたがえば，受益者の権利保護のために，受託者を監督する機関をもつ必然性はない。こ

---

[253]　Hansmann, supra note 120, at 476. またこれに関連して，資産流動化のような新しい事業ニーズへの対応には，信託のような比較的単純な組織フォーマットをいったん利用したうえで，必要な追加ルールを契約でアレンジする方が低コストであるとの見解もある。森田果「組織法の中の信託」信託法研究第29号41頁（2004年）58頁。

第5章　信託組織化への基礎法理

れは，株主と受益者の法的な性格の違い，および「株主と取締役」，「受益者と受託者」の関係の違いによるものである。

　会社においては，会社財産は出資者・株主のものであり，多数株主が自ら直接に会社財産の管理運用を行なうことの代替として，取締役が株主によって選任されている。この意味で，取締役会という機関は，株主の代理的な機関[254]として必須のものであると考えられる。

　これに対して信託では，まず財産を拠出しているのが受益者ではなく委託者である[255]。信託財産は，コモン・ロー的には受託者に移転しており，受益者が有するのはエクイティ上の請求権[256]である。受益者は，信託財産に対して直接の処分権限をもたない[257]から，本人・代理人的な構成に基づく機関を設置することは，法理上も必須とは考えていないのである。

---

(254)　Model Bus.Corp.Act§8.01条(c)(2005)では，定款または業務規則が取締役数の最小・最大限度について定めたうえで，取締役会または株主が，その範囲内での変更をできるものとしている。また，取締役会などの機関も含めて，会社組織の基礎となる定款についても，10.03条(a)項(2)号のとおり，株主の承認が原則にある。そのうえで，例外規定として，10.02条には，株主の行為を要せずに取締役会が行なえる修正採択内容が，限定列挙されている。

(255)　なお，委託者と受益者が同一であるときにも，ロジックに相違はないと考える。なぜならば，信託法理上，委託者にとっての権利保護規定もおかれており，それは委託者が受益者を兼ねているか否かによって内容が変わるものではないからである。

(256)　信託証書などが受益者の権利・受託者の権限と義務について不明確な部分をのこした場合，エクイティ裁判所がこの解決にあたることが，有効かつ受益者の権利に関しての1つの指針ともなる。Bogert, supra note 101, §155, at 552参照。また，Restatement 3rd of Trusts§2 at 20,Comment d (2005)参照。

(257)　受益者の権利は，受託者に対して信託を管理運営させること（債権説），あるいは信託財産に対してエクイティ上の請求権を有すること（物権説），さらにはこの両者を有すること，とする諸説がある。Bogert, supra note101, §37, at 133参照。また，受益者の権限行使範囲は，基本的には委託者によって決められるものである。Restatement 3rd of Trusts§49 at 242,Comment b (2005)参照。

113

第Ⅰ部　米国ビジネストラストにみる組織理論

　また，機関を持たない，あるいは機関の簡素化された内部組織形態への要請には，歴史的な必然性があるとする説もある[258]。米国において株式会社は19世紀から出現しているが，18世紀の英国での泡沫条例に至る混乱への反省から，当時は株主および債権者を保護するための規制色が強く，それが米国会社法理にも反映されている。このため，意思決定と監督のための機関を制定することは，会社法上では明確である。一方で，ビジネストラストが本格化した20世紀は，株式会社よりも自由度の高い事業遂行体への需要が強くなっていった。具体的には，株主総会の定時開催，決算や取締役改選についての株主からの承認，あるいは出資持分の増減についての承認など従前からの手続がコストと認識されるようになり，それを低減できる組織が求められたのである[259]。これをみたすべく，統一スタチュートリ・トラスト法の規定は，受益者からの直接的な支配には服さない受託者の立場を明確にし[260]，また柔軟な意思決定手続を確保[261]しているのである。

---

(258)　Langbein, supra note 197, at 184.

(259)　統一スタチュートリ・トラスト法103条においては，トラスト内部のクラス設定・受託者の選任解任，およびこれらについての受益者の投票承認ルールを，統括文書で柔軟に設定できるものとしている。

(260)　510条(b)項には，統括文書は，受益者その他の者へスタチュートリ・トラストの運営に関して受託者への指図をする権限を与えることができるとしているが，同条(c)項において，受託者がこの指図に従わなくてよい場合として，その指図が統括文書の条項に反すること，受託者としての信認義務に反すること，などを基準として定めている。また608条で受益者の情報入手権を定めているが，これも受益者の利益に関係あると合理的にいえるものに限っており，受託者の行なう管理運営全般に係る情報とはされていない。

(261)　例えば，統一スタチュートリ・トラスト法では503条(2)項で受託者の意思決定に関して，また602条(2)項で受益者の意思決定に関して，各々会議を開催することなく（without a meeting）行なえることが，標準的な形式として定められている。たしかに，602条がモデルとしているデラウェア一般会社法（Del.Code Ann.tit.8,（1953 & Supp.2009））の228条でも，株主総会を開催することなく，株主の同意を得ることができる旨を定めている。しかし，同法では取締役会については，まず141条(b)項に定足数，同条(c)項に委員会，同条(d)項に改選時期のクラス分け，などの構成を詳細に定義している。そし

第5章　信託組織化への基礎法理

第4節　新たな組織形態を構築する法理

　上述のとおり，スタチュートリ・トラストには信託法理と会社法理が併存しているため，組織の内部管理上，執行機関の設置が法定されず，統括文書に基づく柔軟な運営が許容されている。このような組織形態が生じる法理はどのような内容で，機関をもたない組織形態に問題は生じないのか，以下，考察をすすめる。

(1) 株主と受益者の法的相違

　市場を通して出資持分を発行・流通させる株式公開会社においては，会社の内情を熟知しない者が株式を取得する可能性も高いため，株主による効果的な監視が必ずしも期待できない。このため，取締役会において業務執行者（取締役）の監督をする必要がある[262]。これが，取締役会を主体とする執行機関が設置される目的といえる。すなわち，執行機関は株主保護の措置として必要といえる。修正模範会社法8.03条においても，機関の追加・変更をするためには，その旨を定款に定めることとしている[263]が，これは機関設計の選択に株主（所有者）の意思が反映されるべきとの法理といえよう。
　これに対して，スタチュートリ・トラストの受益者保護は，会社における株主に対する発想と同様ではない。その理由としては，受益者がスタチュートリ・トラストの所有者ではないことが大きい。受託者に財産を託している

　　　て，会議を開催せずに行なう取締役会の行為については，同条(f)項にすべての構成メンバーが書面で同意し，かつ書面を取締役会議事録に綴りこむ手続が付されている。
(262)　なお，取締役会に業務執行の決定権が生じることによって，株主総会の権限が縮小するため，監査役その他の機関によって，業務執行上の権限濫用の防止を図る側面もある。
(263)　Model Bus.Corp.Act§8.03条(c) (2005) では，定款または業務規則が取締役会の規模についての範囲を定めることができるものとし，また同条(b)項では，株主のみが，取締役数について，30％を超えて増加・減少させることができるとしている。

第Ⅰ部　米国ビジネストラストにみる組織理論

立場は委託者であり、委託者と受託者によって締結される統括文書が、統治の基本と考えられるのである。統一スタチュートリ・トラスト法103条(e)項(6)号にみる「統括文書に定めがあれば、特定の受益者、また特定クラスの受益者の投票・承認なく、受託者は業務執行できる」との条文が許容されるのも、受益者はスタチュートリ・トラストの所有者にあらず、との法理に基づくものと解釈できよう。

スタチュートリ・トラストの受益者は、受託者に対してエクイティ上の請求権を有するのみであり、株式会社における財産拠出者（株主）と同義にはとらえられないことから、このような組織形態が導かれたものといえよう。取締役会という機関が経営主体であるという法規範は、会社の所有者である株主総体の利益のために認められたものである[264]から、スタチュートリ・トラストの受益者が株主と同列にとらえられない以上は、機関の法定が必須ともいえない。

(2) 意思決定ルールの変化

株式会社では、取締役会のみが、本来、業務執行権限を有している。取締役個人、例えば代表取締役が権限を有していても、それは取締役会から権限委譲されたものである。他方、組合では、各組合員に業務執行権限がある。ただし重要事項については、過半数で決定するルールとなっている。

スタチュートリ・トラストは、組合と同様の構成をとり、受託者各人が執行権限を有している。これは、統一スタチュートリ・トラスト法において、受託者会議が法定されていない[265]ことからも確認できる。代わりに、同法503条(2)項では、全受託者の意見が表明・反映されるに等しい状況が確保されることを前提として、過半数決定を許容している[266]。

---

[264]　並木俊守『アメリカにおける取締役の経営責任の法理』（中央経済社、1983年）209頁参照。

[265]　統一スタチュートリ・トラスト法503条(2)項には、受託者らは会議あるいは投票なく、業務の執行が行なえることが法定されている。

[266]　なお、米国LLCについては、株式会社と同様のマネジメント型と、組

第5章　信託組織化への基礎法理

　前述のとおり，この過半数による決定ルールは，信託法理の満場一致ルールからの転換といえる。スタチュートリ・トラストの受託者各人が業務執行権限を有していても，もし満場一致ルールがあれば，ある受託者の恣意や不正を牽制しやすいが，過半数ルールではそれが十分にはできない。スタチュートリ・トラストと同様に，組合でも意思決定は過半数ルールとされているが，組合員には無限責任が課せられているため，そのことが牽制作用となる。一方，スタチュートリ・トラストの受託者は有限責任が原則であるため，この仕組みからは組合と同じだけの規律作用は期待できない。

　これを補完するのが，スタチュートリ・トラストの出資証券が流通する市場からの作用ともいえるが，市場作用は事後的措置（ex post）であるため，予防的措置（ex ante）の強化が別途望まれる。これに応えるのが，委託者によって設定される統括文書である。つまり，スタチュートリ・トラストにおいては，信託目的と信認義務に基礎をおく統括文書と，市場からの受託者への規律の両面から，緩やかな組織構造を補強していると解される。

(3)　受託者の法的性質の変化

　このように，スタチュートリ・トラストが信託法理から転換してきた論拠には，受託者のとらえ方の変容が考えられる。すなわち，スタチュートリ・トラストでは，受託者の法的性質を管理者[267]に近いものと考えるのである。

　　合・スタチュートリ・トラストと同様のパートナー型，どちらのスタイルも可能である。
（267）　株式会社において，取締役は会社との委任関係に基づく受任者であり，株主から選出される存在であるから，会社との雇用関係に基づく使用人とは区別される。これをスタチュートリ・トラストにおいて対比させると，受託者とは，委託者から信託財産の管理運営を任された者であり，スタチュートリ・トラストによって受託者として雇用された存在ではないといえる。ところが，株式会社においても取締役経理部長にように，使用人兼務取締役の存在が一般的であるように，スタチュートリ・トラストにおいても，受託者としての役割機能を分けることが考えられる。つまり，信託法理が想定するような本来的な役割，すなわち信託財産の名義人となり自らの判断によって管

管理者であれば、責任担当の信託財産について執行権限を有するが、無限責任を負うものではない。

仮に、受託者を代理人ととらえるのであれば、本人の存在が必要となるが、信託財産自体は本人となり得ない。本人は、自ら意思決定できるし、また代理契約を自らの意思で打ち切ることもできるものであるが、信託財産にこのようなことはできないからである。信託法理上も、受託者の法的性質を代理人と峻別しているが、この論拠としても、代理人は財産の所有者とはならないことがあげられている[268]。ただし、この文脈の中では、受託者は代理人と対比して、個人的責任を負う存在とされている。これに対して、スタチュートリ・トラストの受託者は有限責任が原則となり、対外的な最終責任は、信託財産の価値に大きく依存している。受託者は、この信託財産を機動的に管理運用することが任務である。このためには、受託者の多人数化・専門分業化も必要であるし、意思決定についても、受託者全員の合意を得ることよりも、迅速かつ適時性が重んじられるために、過半数ルールがおかれていると解釈できよう。

これに関連した統一スタチュートリ・トラスト法の特色が、シリーズ受託者[269]である。これは、信託財産が運用目的によって分別されて、各々の財産に執行責任をもつ受託者がつく体制であり、主に金融資産ポートフォリオ

　　理処分を行なっていくことと、それよりは定型的・画一的な事務処理に近い性質の役割の2つに、受託者の職務を区分してみるのである。すると、後者の性質の職務は、"管理者"としてのものといえよう。なお、株式会社における専務・常務あるいは業務担当取締役については、上述の使用人兼務取締役とは区別される。これらは、あくまで取締役会から一定の業務執行の権限を分与された者であり、その権限は代表取締役ほど包括的ではないが、取締役会にその権限の源泉はあると整理できる。『条解・会社法の研究(6)取締役(1)』（商事法務研究会、1995年）140頁（江頭憲治郎教授コメント）参照。

(268)　Bogert, supra note101, §13, at 29.

(269)　統一スタチュートリ・トラスト法401条(a)項では、統括文書の定めによって、特定信託財産に関する複数のシリーズを設定できるとし、また同条(b)項では、これらのシリーズは独立実体とされるものではないことを定めている。

第5章　信託組織化への基礎法理

の運用を行なうファンドの内部体制として利用されている。これは一見すると，執行権限の拡散ともとらえられるが，統一スタチュートリ・トラスト法401条コメントによれば，シリーズ分けはクラス分けとは異なるものとしている。クラス分けは権利・義務まで異ならせるものであるが，シリーズ分けはそこまで予定していない。会社の取締役にも，業務区分によって分掌があるが，これもまたシリーズ分けといえる。なぜなら，最終的な責任権限は取締役会に帰属するものであり，取締役個人に対するものではないからである。スタチュートリ・トラストは，信託財産が実質的な構成主体であるから，会社における業務分掌と比べてもさらに，シリーズという発想をとりやすいといえる。

　また，スタチュートリ・トラストが機関をもたないことに対する解釈は，会社の取締役とスタチュートリ・トラストの受託者の両者の裁量権限の違いに求めることができる。スタチュートリ・トラストとは，金融資産にせよ航空機にせよ，信託財産が擬制的に法人化されて，対外的に責任能力ある独立実体とされた存在である。つまり，組織の実態は信託財産とほぼ同質といえるスタチュートリ・トラストにおいて，主となるのは信託財産であって，従たる立場で受託者が管理者としての任務についていると解される。かかる組織では，独立実体としての運用成果（弁済原資の獲得）が，受託者の裁量によって左右される余地は小さい。

　これと比較して，会社における取締役は，重要財産の処分や事業再編・合併など，組織としての財産構成やそれに伴う弁済能力を左右するような事項の決議をおこなう資格をもつ。このため会社法理上は，これらの決議が慎重に行なわれること，また特定の取締役の独断専行を抑制する機能として，取締役会という機関の存在が不可欠である。この点は，スタチュートリ・トラストとは状況が異なっているといえよう。

　このように，統一スタチュートリ・トラスト法では，受託者の法的性質を，権限の制限された存在と想定する側面がある。しかし，受託者が各々の任された範囲についての直接的な執行権限を有している点では，取締役とは異なる。多くの株式会社は，最終的な意思決定のために取締役会をかまえるが，

スタチュートリ・トラストについては，同様の組織構成が必須とはいえないのである。

(4) 組織モデルの基礎となる法理

スタチュートリ・トラストが，受託者各人に対して執行権限を与え，しかしそれを監督する機関を持たない法理は以上のとおりである。ただし，この組織がリスクを発生させることなく運営されていく前提としては，スタチュートリ・トラストの受託者にも一般信託の受託者と同様に，財産管理に関する信認義務がおかれることが必要である。信託形態をとる組織においては，事業遂行に関する規制と信認義務の分離はなされず，仮に両者が背反するときには，信認義務が優先されなければならない法理[270]が存在する。この信認義務によって，機関がなくとも，受託者による適正な組織運営が期待できるのである。

つまり，独立実体化したスタチュートリ・トラストといえども，根本的には信託法理が基礎をなしているといえる。統一スタチュートリ・トラスト法が，統括文書による契約自由の原則を基礎にしていることも，組織の基本的発想はコモン・ロー・トラストから乖離していないとの解釈につながる。受託者は，委託者との間で設定された信託目的を実現することがその職務の根本であり，信認義務はそのための法的規範である。スタチュートリ・トラスト法理では，受託者への牽制と監督のための機関を設けなくても，委託者の意思である信託目的が，監督機関の代替として作用すると考えるのである。

スタチュートリ・トラストは，対外的には法的な独立実体として信託財産の責任能力を前面に出す一方，内部的には組織運営の柔軟性を求めた存在である。このような会社とは言い切れない組織が，外部債権者からも満足のいく運営をしていくためには，委託者の設定した信託目的が受託者への規律，すなわち信認義務として有効に作用する必要がある。この意味では，スタチュートリ・トラストには依然，信託法理の本質が根ざしているとみるべき

---

(270) Frankel, supra note 34, at 332.

第5章　信託組織化への基礎法理

であろう。

　しかし，このことをもって，スタチュートリ・トラストとは，従来のコモン・ロー・トラストに州政府が法主体性を付与した法技術的な存在であると評価することは早計であろう。スタチュートリ・トラストのもつ上記の二面性は，組織形態の発展過程における最終的な姿である[271]との評価も受けている。組織法の要諦は，債権者のために，会社資産を会社所有者の手から分離させること[272]にある。まずこのことが，信託の利用によって倒産隔離性として実現されている。そしてさらに，信託のコモン・ロー的な性質によって，契約自由の原則に基づく柔軟性の高い組織という要件も併せ実現されている。対外的には会社法理が前面に出る一方で，内部関係においては，当事者自治を基本とする信託法理が基礎となる二重性は，かかる観点から評価されるものである。

　結局，株式会社とビジネストラストは，二律背反な存在ではなく，事業内容や資金調達手法に即して使い分けていくべきものである。それでは，この使い分けの判断基準はどのように考えるか。これまでの考察では，資産流動化媒体など特定の事業形態についてのビジネストラストの適用例をみてきた。しかし，このような選択の背後には，ビジネストラストが有する信託としての本質が評価される側面があると思料する。それは具体的には，委託者と受益者の二つの機能が分離していることである。組合は基本的に，出資者が経営者となる単一構造といえる。また，会社は，出資者対経営者の二極構造である。これらに対して，信託，特に市場活用型のビジネストラストは，最終

---

(271)　Henry Hansmann & Richard Squire, *Legal Entities, Asset Partitioning, and The Evolution of Organizations*, NBER conference paper, at 65（2002）. また，「組織形態と法に関する研究会」報告書，金融研究（2003年12月）14頁参照。

(272)　Hansmann, supra note 271, at 66. また，この資産分離機能はその程度に応じて，weak form（パートナーシップなど），strong form（株式会社など），super strong form（公益信託など），の段階に分けられるとの見解もある。Henry Hansmann & Reinier Kraakman, *The Essential Role of Organizational Law*, 110 Yale.L.J. 387, 394-95（2000）.

的な資金の出し手である受益者と事業運営にあたる受託者に加えて，事業の仕組みを定義し信託存続期間にわたって受託者への監督権限をもつ委託者の存在がある，立体的な三極構造である。

　市場を通した資本調達の弊害として，「モノ言わぬ出資者」の問題は古くから指摘され続けているが，会社組織の機関を変革していくだけでは限界がある。それは，ビジネストラストの受益者についても同様であろう。しかし，当初の資本拠出者（委託者）が，自らの投下資本を回収した後もその事業運営に関与し責任を持ち続けたいと考えるとき，ビジネストラストという形態は有効であると考える。

(5) 信託組織化のための規準

　第1部を通して，純粋な信託が，ビジネストラストを経てスタチュートリ・トラストへの発展していく段階をトレースしてきた。米国でも，ビジネストラストあるいはスタチュートリ・トラストを，信託と区別して把握する議論[273]が主体である。たしかに，今日のスタチュートリ・トラストは様々な観点で組織性をそなえており，これに純粋な信託との法的同一性を求める方が議論として困難であろう。

　それでは，信託が組織化したといえる規準は何であろうか。ビジネストラストの生成期，ジョイント・ストック・カンパニーから派生していった段階においては，受益者の有限責任性と受益権の譲渡性，およびこの譲渡性に伴う永続性が中心的な規準であった。ここではこれらを，外形規準あるいは「会社代替規準」と称する。ビジネストラストは，株式会社設立が準則主義に移行しきれていない時期に，代替的に選択されてきた。さらにその後も，株式会社法の要求する資本規制や投資規制にしばられない自由な事業運営の実現手段と位置付けられてきた。本稿でいうⅠ期にビジネストラストが発展していく過程で，判例法理によって構築されてきた規準は，会社との類似比較のもとに形成されていると解釈できる。

---

(273) Scott, Austin W. & Fratcher, William F., The Law of Trusts vol. I §2.2. at 40 (4th ed., Little Brown 1987).

第5章　信託組織化への基礎法理

　一方，Ⅱ期に入り，各州でスタチュートリ・トラスト制定法が示してきた規準は，上記の外形的な要素を包含しつつも，それにとどまらない。つまり，構成当事者の意思決定や相互牽制・監督など，内部運営のあり方にも着目しているのである。これにより，純粋な信託法理との違いも際立ってくる。具体的には，受託者による意思決定ルールを多数決とすることや，信託義務の弾力化である。またこれに伴い，所有者ではない受益者が，いかに受託者を監督するかという問題も浮上し，委託者を含めた監督機関代替の機能が求められてくるようになる。また，信託財産自体への責任主体性の比重が高まり，受託者もまた，信託財産に対する機関の一つとして構成されるとの見方が強くなってきた[274]。これらのスタチュートリ・トラストによって新たに示されている要素を，内部規準あるいは「当事者機関化規準」と称する。

　以上の信託組織化への規準に照らしたとき，わが国における信託関係のなかで，商事信託とされるものはいかに組織化を果たしているであろうか。商事信託の定義については，第2部の冒頭に譲るが，いわゆる事業を営む目的で設定された信託が，当事者契約という枠組みにとどまらず，米国ビジネストラストにみるように，対外的に法的主体性をもつ存在（entity）と認知されるための規準を考察することが，第2部の目的である。

---

[274]　工藤・前掲注(55)159-160頁参照。また，複数受益者相互に権利と義務が生じていれば，それは単に信託ではなく，組織（associarion）であるとの見解もある。H.A.J.Ford & W.A.Lee, Principle of the Law of Trusts §145, at 48-49 (2nd ed., Laws Book 1990).

123

第Ⅱ部

商事信託組織論

第1章　商事信託の定義

第1節　商事信託に関する概念

(1) 営業信託・民事信託と商事信託の比較

　信託の区分には，様々な定義がある[1]。その中でも，とりわけ本稿の主題とする商事信託およびその類似概念について整理しておきたい。

　受託者の信託引受行為に営業性がある場合，すなわち受託者が商法502条に定める商行為としての信託引受を行なう場合は，これを営業信託と定義できる。営業信託の反対概念は，非営業信託であるが，これはその信託の引受を営業として行なったものではないときにあてはまる。戦前戦後を通して，わが国信託の受託者の大半は，それを業とする信託会社等であったため，営業信託が大半であったといえ，かつ営業信託を事実上，商事信託と同義に解釈してきた[2]。しかし，信託法の改正によって信託財産の範疇が広がり，また金融機関以外の者にも信託の担い手を拡げる目的で信託業法を改正したことにより，民事信託に区分される領域についても，営業信託として信託引受が行なわれる機会が拡充してきた[3]。このことから，営業信託は，その目的とする信託財産あるいは信託目的によって，民事信託および商事信託のいずれをも対象とするものであると定義できる[4]。

---

(1) 四宮和夫『信託法［新版］』（有斐閣，1989年）38頁以下，参照。
(2) 四宮・前掲注(1)45頁参照。
(3) 例えば，財産の相続承継を目的とした信託，複数地権者の不動産を集合化して管理運用する信託などは，民事・商事の切り分けでいえば，民事信託の範疇といえる。新井誠『信託法［第3版］』（有斐閣，2008年）20頁参照。しかし，これらの信託財産を受託する者が信託会社であれば，それはまた，営業信託なのである。
(4) 信託目的として，継続反復する利益追求がある場合，これは商人の法概念と接合してくるため，これを行なう者は業として受託をしており，その信託

第Ⅱ部　商事信託組織論

　商事信託を民事信託と区別する定義としては，(1)受託者の権限に着目する考え方（例えば，受託者の権限が信託財産の管理処分を超える要素をもつ場合），(2)信託の実質関係に着目する考え方（例えば，信託の実質が贈与ではなく取引であるような場合），(3)信託目的に着目する考え方（例えば，利殖を目的とする信託），などがあげられる。さらには一般的な定義ではなく，類型的な整理として，運用型の信託・流動化型の信託・事業型の信託，などの区分もある[5]。

　ところで，歴史的経緯を振り返ると，英米においては，一族間の財産承継のためのファミリー・トラストとしての需要が高く，財産の受働的管理を主体とする民事信託を意識して信託法理もつくられていった。これに対して，わが国においては，大正時代に信託法が制定されて以来，受託者となる者は専業信託会社が大半であることと，英米のように一族間の財産承継への需要は高くなかったことから，当初より商事信託を主体として展開されていった。

　またわが国では，戦前戦後を通して，商事信託としての利用が一般的であることに加えて，金融の自由化が進展した1980年代以降，企業の資金調達手法も，単純な銀行借り入れや社債一辺倒から多様化するようになっていった。この流れの中で，企業が委託者として財産を信託して受託者に受益権を発行させ，これを譲渡転売する形式の資金調達手法[6]が一般化するに至った。

　　は営業信託といえる。星野豊『信託法』（信山社，2011年）244頁参照。しかし一方，事業承継対策として，オーナーが保有する株式を信託するケースや，銀行の行なうPJファイナンスにおいて入金用預金口座をエスクローとして信託するケースなどでは，その信託目的自体には利益追求性がない（すなわち民事信託の領域である）が，受託者はこれを営業として受けている。このことからすれば，営業信託は，商事信託・民事信託の両者にまたがるものといえよう。

(5)　商事信託研究会編『商事信託法の研究──商事信託法の要綱およびその説明』（有斐閣，2001年）39-40頁参照。

(6)　これらは，企業など調達者自身の信用力の代わりに裏付け資産の信用力に着目するもので，伝統的な企業金融に対比させて，資産金融（アセット・ファイナンス）と呼ばれる。資産も不動産に限らず，リース債権・割賦債権なども多くみられ，これら債権を集合体として信託財産化するケースが多い。

これを，現代の商事信託の基本的なモデルとして考えることができる。

(2) 事業信託と商事信託の比較

わが国の信託法は，2007年に新法へと改正されている。上述のとおり，実際にわが国において展開してきた信託は，信託会社による商事関連の信託が中心であった。このため，1990年代に信託法の改正が議論される中でも，商事信託を別法で制定することが学者を主体とした研究会によって検討されてきた。これは実際に，2000年に商事信託法要綱案[7]としてまとめられている。しかしその後，信託法の改正作業が進む過程で，独立した別法を構えるのではなく，改正信託法の領域を広げて，その中に商事信託の要素を取り込んでいく方向となった。このため，改正された信託法は，信託法理を基礎としつつも，必要に応じて会社法理を取り入れる複層的な概念の法律となっている。

この改正された信託法の中では，事業信託[8]という概念も認識されている。事業信託を狭義にとらえると，委託者の事業を事実上[9]一体としてなす信託設定行為またはそれに基づく信託であり[10]，この事業とは，積極財産と消

---

(7) シンポジウム「商事信託に関する立法論的研究」（信託法研究第25号（2000年））2頁以下。

(8) 事業信託に関する定義として，工藤聡一「自己信託・事業信託」新井誠監修『コンメンタール信託法』（ぎょうせい，2008年）655-57頁参照。同論文では，信託法の中の自己信託・受益証券発行信託・限定責任信託等の要素によって，事業信託が実現できる点について詳細に論じている。

(9) この意味は，消極財産，すなわち委託者が信託設定前に負担した債務は，正確には財産として信託される訳ではなく，信託財産責任負担債務として引き受けられるからである。

(10) 事業の定義として，最大判昭和40年9月22日民集19巻6号1600頁，判時421号20頁の判旨が参照される。会社財産の譲渡に係る株主総会の特別決議の要否をめぐって，単なる営業用財産の譲渡と区別されるべき，営業譲渡の概念とは何かが争点とされた同事件では，事業を，一定の営業目的のために組織化され有機的一体として機能する財産とし，販売・製造にかかるノウハウや得意先との取引関係・従業員との雇用関係を含む，積極財産と消

極財産との総体[11]である。この観点をふまえると，信託財産に着目した概念といえよう。事業信託の具体的な姿としては，受託者が金銭や不動産を受託し，その管理処分の手法として事業が営まれるものである。これに該当するのが，土地信託あるいは米国のビジネストラストなどである[12]。これらは，投資家から出資を募り，それを金融資産や商業用不動産などに投資する，あるいはその出資を原資として一般事業を営む形態が多い。

　事業信託とは，正確には信託法の中で定義されている用語ではなく，信託法のいくつかの規定を適用することによって創出されていく効果，であると考える。この法的根拠を，以下のように整理してみる。

(イ)　信託財産の範囲が，従来からの不動産・有価証券・現金に加えて，知的財産権・事業そのものまで拡大する（2条3項，16条による解釈）。事業信託とは，まさに会社事業を受託者がオペレートしていくことが基本となる。これまでも「事業は財産の集合体であり，財産一般の信託が可能なら，事業そのものの信託も可能である」との解釈もされてきたが，これが肯定されたものと解釈される。

財産との総体としている。
(11)　積極財産だけではなく，同時に委託者が負っていた債務であり，かつ信託財産責任負担債務とする定めのあるものについては，同法21条1項3号に定義されるように信託財産に従属する債務とみなされる。よって，かかる債務（消極財産）もまた，積極財産に伴って受託者に引き受けられる対象とできるようになった。この消極財産を含めた総体という部分が，旧法から，信託財産の概念とは相違するものと考えられてきた。つまり，財産権とは，金銭に見積もることができる積極財産をいうものとの見地からすれば，債務を含む事業や経営権等は信託の対象とされる財産権にはあたらないとされてきたのである。これに対して新法では，消極財産だけを信託財産として引き受けることはしないものの，事業を積極財産と消極財産の集合体とみなして，従属する債務を含んだ事業全体を信託財産として括ることが可能としたのである。ただし，債務を移転させるためには受託者による債務引受の手続をとる。よって，債権者との交渉によっては，受託者による免責的債務引受とはならず，委託者も引き続き債務を負う重畳的債務引受となることもあろう。
(12)　工藤・前掲注(8)656頁参照。

第1章　商事信託の定義

(ロ)　自己信託の許容（3条3項）。事業は，一義的には受託者が行うものであるが，現実的には困難を伴うことが多く，また委託する企業側でも組織体制や雇用のあり方まで変容されることは望まない。これへの解決手段ともなるのが，委託者＝受託者である自己信託（信託宣言）[13]である。もとより信託スキームを利用する目的は，会社財産を信託の結果，信託受益権という法的形態に変換させること，あるいは，この受益権を企図する相手へ分与すること，また受益権を譲渡することにより資金調達をおこなうこと，にある。つまり，いずれも受益者との立場をもって実現するものであり，この意味からすると，委託者が受託者を兼ねるか否かは，信託スキームの組成者側にとっては大きな問題ではなく，会社組織にとってより円滑な手段であればよい，と考えるものであろう。

(ハ)　信託財産責任負担債務として，債務も信託対象になる（2条9項，21条）。事業部門を信託する場合，積極財産のみならず，消極財産たる負債もまた構成要素となる。法の解釈としては，負債自体を直接信託することを許すものではないが，受託者が債務引き受けすることで，実質的に同じ効果を得る。

(ニ)　限定責任信託により，受託者責任がこれまでの無限責任原則から，有限責任を選択できることとなる（216条〜247条）。限定責任信託[14]により，会社の特定事業部門だけを切り取って信託し，他の部門との倒産隔離スキームがとれること，会社分割を実現しやすくなること，の効用が

---

(13)　自己信託によって懸念されるのは，委託者の債権者に対する詐害行為となることである。このため，詐害目的の濫用を防止する措置として，上記・要式行為とすること（法3条3項）の他，信託財産への強制執行制限への特則（法23条2項），さらに信託の登記・登録制度の創設（不動産登記法98条3項）などが定められている。鈴木正具・大串淳子編『コンメンタール信託法』（ぎょうせい，2008年）44頁参照。

(14)　第三者保護の観点から，限定責任信託の受託者の他，受益者に対する給付制限（法225条）や会計監査人をおく場合（法248条）などの法措置がとられている。村松秀樹・宮澤賢一郎・鈴木秀昭・三木原聡『概説新信託法』（きんざい，2008年）356頁以下参照。

でてくる。

(ホ)　受益証券発行信託により，信託財産を引き当てにした証券発行と流通が可能となる（185〜215条）。受益証券発行信託により，会社における株式あるいは社債に類似する受益権[15]を発行・流通させることが可能になる。

以上の条項はいずれも，新法において，商事信託の法的インフラを整備するものとしても論じられている。こうしたことから，事業信託と商事信託の2つの概念は，混同されることが少なくない。しかし，この両者に概念区分を付けるとすれば，次のように考えられる。事業信託とは，その信託財産の性質から導き出されるものであり，一方，商事信託は，信託の仕組みや当事者関係，信託目的や財産の性質など多面的な把握の仕方がある。つまり，商事信託とは，事業信託を包含する，より幅広い概念だといえるのである。

(3)　商事信託の適用事例

商事信託の適用分野としては，資産流動化が顕著であるが，その他の適用事例も拡大している。その1つが，株式会社の行なう一般事業の一部門あるいは全部門の受託[16]である。このスキームは，事業承継や再編などの目的が背景にあり，その手段として利用される。以下では，その目的の中でも顕著である[17]事業承継対策としての信託活用について考察し，代替選択肢と

---

(15)　受益権の性格については，例えば法106条以降に定める受益者集会が，会社法上の株主総会（298条）および社債権者集会（719条）に関する規定を参考に定められた規定であることにもみるように，株式と社債の二面性がある。新井・前掲注(3)324頁以下参照。事業信託の適用形態によって，受益権を株式の代替と見立てるケース（事業承継への適用），逆に，受益権譲渡が念頭におかれて，社債に近い存在と見立てるケース（資金調達スキームへの適用）の両者が考えられる。

(16)　これは，株式会社の組織形態を転換することではない。よって，全部門を委託した後も，もともとの株式会社組織は存続し続ける。

(17)　わが国の非上場企業における55歳以上の経営者の約15％は，自主廃業を検討し，また約13％は事業売却を検討しているとの調査結果が，2006年中小

の比較において，商事信託の特性を抽出してみたい。

　事業承継への信託による対応としては，従前から，経営者が保有する株式を信託し，そこで発行される信託受益権に，議決権制限や取得条項などを付して，種類株式発行の代替とする手法がとられてきた[18]。これは，自社株式という財産を営利目的なく信託するものであるから，民事信託としての領域と考えられる。これに対して，商事信託としての事業承継スキームは，より積極的に，会社財産と従業員を活用する仕組みを形成するものである。

　事業承継スキームにおいて，オーナーにとっての後継者が不在である場合，自主廃業以外にとり得る選択肢は，主として売却である。この売却相手としては，同業他社など一般事業会社と，プライベート・エクイティ・ファンド[19]（以下"ファンド"とする）の2つが考えられるが，この両者の効果は大きく異なってくる。

　事業会社に売却する場合は，完全な売り切りであり，オーナー一族が再び

　　企業白書で示されている。後継者が不在のため，事業継続を断念する経営者が多いが，一方で従業員の雇用を確保していく必要があり，円滑な事業承継は社会的なテーマとなっている。日本バイアウト研究所編『事業承継とバイアウト』（中央経済社，2011年）10頁参照。
(18)　種類株式を発行することの代替策として信託受益権を用いることの法的メリットとして，次の各点があげられる。①信託は契約であるため，基本的には最長20年程度で終了する。このため，いったん決定した個々人の株式保有比率などについて，将来的に見直しができる余地を残したければ，信託を選択するとよい。②種類株式であっても，譲渡制限がかかっていなければ，譲渡転売が可能となる。これに対して，信託は信託財産である株式の管理処分権を，受託者に委ねてしまうため，株主構成比率を固定化することができる。③種類株式の発行には，株主総会での特別決議が必要であり，他株主が反対すると決議が困難になる。一方，信託は個々の株主の意思によるものであるから，株主総会決議は不要である。ただし，仮に譲渡制限のかかっている株式であれば，取締役会の承認が必要となる。
(19)　なお，本稿で以下述べる形態は，ファンド自身が株主となるものであるが，既存の経営者がオーナーから株式を買い取る，いわゆる"MBO（マネジメント・バイアウト）"についても，その背後にはファンドが存在することが大半であり，実質的な企業運営としては，ファンドのイニシアティブがあるだろう。

会社支配権を得ることは想定されない。これに対して，ファンドの場合は，そもそも数年間のうちに企業価値を高めて株式を他者に売却する，いわゆるExitが基本である。その時点で，オーナー一族が，再び一部あるいは全部の株式を買い戻すこともあり得るのである。

かかる観点からは，ファンドを利用する形態は，ブリッジ型承継モデルといえる。信託を利用する基本的な発想も，これに近いものであるが，ファンドと信託の違いは上述のExitの手法にある。信託であれば，株式を出資したオーナー（委託者），あるいはオーナー一族（受益者）に，会社支配権としての株式が戻ってくる。一方，ファンドの場合，オーナー一族による買戻しも選択肢の一つではあるが，多くの場合，第三者たる事業会社への売却，もしくは株式市場への上場を目指すことになる。

また，ファンドは，オーナーから株式を買取り，そして最後には転売する。これに対して，信託では，財産管理・運営を行なう受託者は，財産を受けるに際して対価を支払う訳ではないし，したがって信託終了時にも，株式あるいは事業財産[20]を返還するのである。

このいずれの形態がよいかは，一律に評価されることではなく，当事者のニーズによるものである。信託を選択するニーズとしては，上述のオーナー一族による将来的な株式買戻し以外にもある。もし，受託者となる会社が，最終的に，委託された事業財産を買い取ることも視野に入れていれば，その受託者は信託期間を比較的短期間に設定し，その数年間で資金準備をすればよい。あくまでも受託の段階では，資金決済は要さないからである。

さらに，受託者として事業財産の管理運営を行なうことが，シナジー効果の検証や瑕疵の発見など，買収におけるデューデリジェンスの実施にもなる。一方，委託者兼受益者であるオーナー一族にとっても，そもそもの信託契約では，信託終了時の財産帰属は自らとなっている訳だから，受託者からの提示条件に満足できなければ，売却に応諾しなければよい。つまり，事業財産

---

(20) ファンドは，株式を取得することにより，会社財産への支配権を得る。一方，事業信託の受託者は，直接的に会社財産の所有者となる点が異なっている。

の信託とは，双方にとって公平な立場で，将来的な売買を視野に入れた段階的対応となるのである。

　以上にみるように，信託は株式会社の代替として，事業を営む組織の一形態ととらえることが可能である。ただし，これはあくまでも信託を基礎としているため，会社法理と信託法理が混在した姿となっていることは，米国スタチュートリ・トラストにも観察したとおりである。

　商事信託を組織としてとらえるための，法的要件とは何であろうか。商事信託では，その基本構造について，委託者・受託者による契約的合意だけではなく，受託者・受益者間の関係を重視している。この後者の関係に着目したときに，要求されることは2点ある。

　1つは，受託者が機関化していなくても，受益者に対する義務履行を確保することである。またもう1つは，受益者が情報力格差から受託者を監督できないときの補完手段を整えることである。

　商事信託スキームを組織としてとらえるためには，この2つの命題に応えられる構造を整えていることが必要であろう。これは，商事信託を法的にどのような存在と解釈するかにも左右される。つまり，委託者・受託者に受益者を加えた三者契約の延長とみるのか，あるいは，そもそも米国ビジネストラストのような団体関係が構築されているとみるかの違いである。さらには，この団体についても，一般営利法人の変型ととらえるか，それとも信託財産を主体とする財団法人に近似させて把握するかに分かれてくる。この問題が，商事信託の基本構造を考えるに際しての論点となるのである。

第2節　商事信託と米国ビジネストラストの共通点

　わが国商事信託の適用分野が資産流動化を中心としていることを前述したが，これは20世紀後半以降の米国ビジネストラストの発展を追うものである。商事信託は，ビジネストラストの法的性格[21]を有しているといえるだ

---

(21)　わが国において，米国ビジネストラストの定義は，次のように考えられている。「信託宣言により，営利目的で設立された法人格なき社団で，法人た

第Ⅱ部　商事信託組織論

ろうか。この確認のために，ビジネストラストの本質的要素を整理すると，以下の3点があげられる。

　第1には，受益者が多数存在して集団的構成がとられることである。このことによって，多数決による意思決定ルールが採られるため，反対受益者の離脱を容易にする必要がある。また次の永続性とも関連するが，多数受益者の中には投資期間を短縮させたいニーズも発生するが，これに対応するためにも受益権の自由譲渡性は重要である。

　第2には，組織体としての継続性が保証されていることである。行なう事業は，受託者個人の事故・欠落にかかわらず，持続する必要がある。このことが確保される前提があればこそ，銀行借り入れや証券発行による資金調達も円滑に行なうことができる。

　第3には，信託目的が，受託者および事業体全体の規範となることである。これに関して，資産流動化のビークルとして活用される信託では，受託者自身には信託目的の遂行能力が欠落している[22]が，受託者の役割は単なる財産管理者に準じる程度であっても構わないと考える。ビジネストラスト法理においては，受託者1人の任務・役割ではなく，受託者や信託財産も含めた事業ユニット全体をみてその本質的要素を確認することが，判例のとる立場であった[23]。

　　る会社ないし組合を設立する代わりに，受託者に出資財産を帰属させ，受託者が特定の事業を経営し，受益証券の所持人である受益者に利益を分配する組織体。会社形態をとると，事業内容に制約をうけるため，それを回避する目的で案出された。米国の信託法リステイトメントにいうような本来の信託ではないが，受益者がエクイティ上の権原を有する点で，信託に類似する面をもつ。また，州によって，基本的には信託法を適用するところと，会社ないし組合に関する法を適用するところがある。受託者が，営業用財産を所有して，事業をおこない，受益権は証券化されて流通する形態の信託である」。田中英夫『英米法辞典』（東大出版会，1991年）および小山貞夫『英米法律語辞典』（研究社，2011年）のBusiness Trustの項目参照。
- [22]　旧法では，受働的な目的の信託および自立した受託者の存在しない自己信託は，認められてこなかった。
- [23]　これと類似する考え方は，先に米国ビジネストラストにみた，オペレー

136

第1章 商事信託の定義

　これらのビジネストラストの本質的要素は，わが国商事信託にも共通しているだろうか。まず，第1の点は，商事信託も，証券市場を通じて多数投資家間での受益証券流通を目的としていることから，ビジネストラストとの共通点として理解できる。改正された信託法では，受益証券発行信託に関する特例の条文整備がなされている。

　一方，第2の点は，商事信託に対する解釈によって異なってくる。米国では早くから，ビジネストラストに対して，組織性をみとめてきた。さらに，20世紀終盤から各州法で制定されているスタチュートリ・トラストについては，法主体性が付与されている。これに対して，わが国の信託法は，商事信託であれ民事信託であれ，委託者と受託者の契約によって成立することを原則としており，組織性を明確に観念しているとは言いがたい。ただし，新法では，反対受益者の受益権買取制度についての条項など，集団自治の法理を採りいれている点で，組織的把握を行なっている側面もある。

　また，第3の点について，ビジネストラストの本質は，受託者1人ではなく信託財産を含めた構成要素全体によって判断される。わが国の信託法理論においても，信託財産実質法主体性説では，対外取引における責任主体として，受託者ではなく信託財産を中心に据えている。これは新法でも，限定責任信託の特例として条文整備されている。しかし，通説である債権説は，信託の基本構造を受託者と受益者の関係主体に説明し，信託目的についても受託者への規範と位置付けている[24]。

　このように，商事信託の基本構造を，信託財産主体に把握するか，あるいは受託者を軸とした契約として把握するかによって，ビジネストラストとの接近性への評価は異なってくる。ただし，商事信託の主たる適用分野は，ある財産に市場価値を定めて，流通市場を通して不特定多数の投資家を集める流動化スキームなどである。この観点から，次項では，前者の信託財産実質

　　ション・テストである。ここでも，出資者の拠出した財産全体が共同計算される仕組みが問題とされ，かかる仕組みが整っていることを，ビジネストラストか否かの判断基準としていた。

(24)　新井・前掲注(3)41-43頁，星野・前掲注(4)43頁参照。

法主体性説について概観し，ビジネストラスト法理との異同を考察していく。

なお，米国ビジネストラストの一形態として，REIT（Real Estate Investment Trust，不動産投資信託）がある。わが国のREITは，法人形態である投資法人[25]が主体であり，この場合，信託法による商事信託と同一とはいえない。しかし，財産を実質的な責任主体とし，この管理運営のための機関設計がなされる点は，米国スタチュートリ・トラストに類似している。

第3節　信託財産実質法主体性説

(1) ビジネストラストの基本構造に関する学説

米国ビジネストラストの当事者関係は，信託の基本構造に関する学説に立脚する。この学説のうち債権説では，信託財産の所有権者は受託者であり，受益者は受託者への債権を有する存在であるとする。したがって，受託者が第三者に対して義務や責任を負っていても，これを受益者に転嫁することはできないものと考える[26]。これは，契約的把握と同様の内容である。米国の債権説では，信託とは委託者と受託者の合意により設定され，その合意の

---

(25) わが国投資法人は，証券取引所への上場を前提としているため，会社法が株式会社に対して法定する組織モデルにならう側面が強い。このため，元々の投資信託契約でとられている委託者・受託者・受益者の三者構造が排除されている。そしてさらに，株式会社と同じ機関として，役員会・投資主総会を有していても，機関が果たすべき役割についての実効性が弱い側面もある。投信法上，投資主総会の決議事項として定められているものは，組織の基礎や投資口に重要な影響を与える事項に限定されている。具体的には，役員の選解任（90条，104条），資産運用会社への業務委託契約の承認（198条），役員等の責任の一部免除（115条），規約の変更（140条）などである。

(26) 他方，物権説においては，受益者を信託財産の実質的な所有者とするため，情報開示を受けていた受益者は，第三者への義務と責任を負担すると考える。また，後述の信託財産法主体性説は，受託者は信託財産の管理者たる立場であり，受益権は単なる債権ではなく，信託財産に対する物的権利をも有すると考える。

効果として，受託者と受益者の間に存在するのが受益権である[27]と考える。よって，受益権とは，受益者から受託者に対する債権的権利であり，その内容は，受託者に対して，信託財産を自己（受益者）の利益のために管理処分することを請求することのみと考える[28]。

一方，物権説では，受益権とは債権的権利ではなく，信託財産に関するエクイティ上の利益（interest），すなわち物権的権利であると考える。ただし，これはあくまで利益であって，エクイティ上の財産権（property）あるいは所有権（ownership）であるとは考えない[29]ことが特徴である。受益権は，基本的には受託者に対しての債権であり，信託財産からの価値収受を受けるものであるとされる。しかし同時に，財産からの価値を重んじるために，信託財産と受益権との物的相関関係を認め，このために物的権利であるとも考える。この点により，第三者に対する権利追及の考え方は，債権説と異なった見解になってくる。

(2) 信託財産実質法主体性説の概要

わが国においては，米国の物権説に関連する要素をもつのは，四宮教授による信託財産実質法主体性説であろう。同説は，まず信託財産を委託者・受託者・受益者のいずれからも独立した法主体と考える。ただし，法人格までを認めるものとは考えない[30]。

---

(27) 星野豊『信託法理論の形成と応用』（信山社，2004年）85頁参照。
(28) わが国の債権説も，これとほぼ同様の考え方であり，受益権は受託者以外の第三者への権利行使が可能な債権ではないことが原則である。これは，受託者の違法行為によって信託財産が他人に譲渡されてしまった場合に，信託財産そのものを取り戻すことはできないとの考え方に結びつく。
(29) 星野・前掲注(27)96-97頁参照。
(30) 信託財産に，権利の客体としての地位のほかに，委託者・受託者・受益者から独立した実質的な法主体性を仮定するものであると説明されている。しかし，信託は，受託者に信託財産の名義を与えることを基礎としているため，民法総則でいうところの法人とみなされるものではない，とも説明している。四宮・前掲注(1)70-71頁参照。

第Ⅱ部　商事信託組織論

　また，信託財産実質法主体性説では，受託者が信託財産に対する完全権[31]を有するとの考え方を否定し，受託者を管理者的性格の存在としている[32]。この点は，スタチュートリ・トラストにおける受託者の法的性格と共通する考え方である。さらに，受益権を単なる債権とはとらえず，その物権的権利性も承認している[33]。これらを基礎とした同説の解釈[34]によれば，信託の機能は，ビジネストラストへの基盤的特性となる次の各点を有するものといえる。

(ⅰ)　信託には，権利者たる地位の転換機能が備わっている。これは，当初の委託者および受益者が死亡・離脱しても事業は継続すること[35]や，財産の帰属主体が複数のとき，これを単一主体にすること[36]を示している。例えば，隣接する土地の地権者や事業主体を単一化することがあげられる。また，数個から数十の物権を集約して１つの物権とし，さらにこれを債権に転換（すなわち証券化）する機能も有している[37]。

(ⅱ)　集団的信託を構成し，さらにその信託目的は，委託者・受託者・受益

---

[31]　財産の所有権と処分権限を掌握していることを指す。この権限は，信託目的による債権的拘束力によって裏付けられているものと解される。

[32]　新井誠『キーワードでよむ信託法』（有斐閣，2007年）3頁。

[33]　その論拠として，信託法31条では，受益者に第三者に流出した財産の返還・取戻しを認めていることを指摘する。四宮・前掲注(1)20頁参照。

[34]　同説によるビジネストラストの定義は，「多数の人々から資金を集めて，board of trustees（取締役会にあたる）を中心とする企業組織体をつくり，それによって特定の事業を経営し，そこから生じる利益を出資者たる受益者（株主にあたる）に分配し，受益証券を発行して，それを市場に流通させる仕組み」である。四宮・前掲注(1)20頁参照。

[35]　四宮・前掲注(1)16頁参照。

[36]　四宮・前掲注(1)20頁参照。

[37]　このことについて，個々の財産権を集合させて受益権化し，さらにその受益権が証券化して流動性が高められるというプロセスとして，証明している。また，財産権（物権）が受益権化することで，物的権利の要素を持ってはいるが，基本的には債権となることを，信託の転換機能として説明している。四宮・前掲注(1)29頁参照。

第1章　商事信託の定義

者のいずれからも独立している。信託目的は，もともとは委託者と受託者の契約によって定められるものである。しかし，受益者が不特定でも受託者の義務が厳存することや，受託者が更迭されても信託は継続することなどから，財産と受託者の関係を規律する客観的な原理へと転化している[38]とされる。

(iii)　上記の信託目的の性質に伴って，信託財産自体を独立した実質的な法主体[39]と認識している。この意味は，信託財産それ自体が，債権者の権利行使の対象となることである。たしかに，信託財産自体が債務の引当とされることにより，受託者自身は負担部分のない連帯債務を負っているにすぎない[40]とも評価されるのである。

　これらの各点は，不特定多数の受益者による集団的信託として，ビジネストラストとも共通する特徴を構成する。構成員が多数化することによって，団体的要素が生じる。また，多額の資金調達を必要とするため，市場を介して受益証券を発行することになる。この市場は，受益者が当事者関係から離脱しやすくするためにも必要である。

　この集団的信託の財産は，金銭あるいはそれが転換された投資対象となるが，事業体として対外的な資金調達や取引を行なう際の弁済原資としては財産が主体となる。換言すれば，受託者の弁済能力には依存しない投資事業手法が策定され，これが投資家市場で評価されることによって，不特定多数からの資金が集まってくるのである。この場合に，投資家あるいは信託債権者

---

[38]　四宮・前掲注(1)67頁参照。このようにみると，信託目的が，委託者・受託者・受益者から独立性を得ることによって，信託目的と連動する信託財産にも，信託当事者からの実質的な法主体性が与えられると解釈できる。

[39]　ただし，法人格とは別の概念であることが，併せて言及されている。四宮・前掲注(1)70頁。

[40]　四宮・前掲注(1)73頁。なお，受託者が，信託財産に対して費用の償還を求められることは信託法48条1項，また受益者に対してできることは同条5項に，各々法定されているが，求償が十分でないときには，受託者個人の最終的な負担が発生するといえる。

が弁済能力を評価する尺度は，信託財産からのキャッシュ・フローと換価価値である。

(3) 商事信託との関連

このように，信託財産実質法主体性説は，米国のビジネストラストへの解釈論のうち，団体的把握における見解と共通点を有している[41]。同説について，もう1つの有力説である債権説との比較から，その特徴をとらえてみる。

信託に関する学説は，当事者の内部関係，その中でもとりわけ受益者が信託関係において有する受益権の法的性質と，他方，受益者と第三者の利害調整に係る外部関係の両局面から分かれている[42]。まず，内部関係については，信託財産実質法主体性説では，受託者と信託財産の関係を，代理人と本人ないしは取締役と会社との関係と，同等のものと考えていると推測できる[43]。これは，信託財産が法律関係の中心に据えられて，受託者はこれを管理する存在と位置づけることを論拠にしている。すると，受益権とは信託財産自体に対する債権と解釈される。これは，債権説において，受益権を受託者に対する債権と解することと対比される。つまり，「人」ではなく「財産」を中心に，信託の基本構造を説明しているのである。

一方，外部関係については，受託者の信託目的違反による処分によって，信託財産を取得した第三者と受益者との間の利害調整が主たる論点とされる。債権説では，信託財産は受託者が所有するものと解するため，第三者からは受託者個人の法的外観が問題とされる。一方で，信託財産実質法主体性説では，上述のとおり，受託者は会社の取締役に類似した存在とされる。よって，

---

(41) ただし，旧法には，法主体性説がビジネストラストの基盤として挙げているが，法定されていない要素があった。それは，信託宣言による信託の設定，および受益権の証券化であった。新法がこれを充たしたことは，四宮教授による指摘を展開した，商事信託法制に関する議論の成果とも評価できる。
(42) 星野・前掲注(4)28頁参照。
(43) 星野・前掲注(4)32頁参照。

第 1 章　商事信託の定義

信託財産に対して完全なる処分権限を受託者が有しているとは一概にいえず，その表見代理性が肯定されるかどうかが問題となるであろう。また，受益者は会社における株主に類似してとらえられるが，株主は会社の最終的な解散価値を受ける意味では所有者であるが，個別特定の会社財産を所有している訳ではない。この法理になぞらえれば，第三者が信託財産を取得してもなお，受益者はその財産を含めた信託全体からの収益を受ける権利を保持し続けるものと解釈できる[44]。

　以上のとおり，信託財産実質法主体性説は，信託の基本構造を財産主体に把握し，各当事者はこれを取り巻く機関と考えている。商事信託の適用分野は，資産流動化や不動産投資信託をはじめとして，信託財産価値に着目したものが顕著である。この基本構造の説明には，同説は説得的といえるであろう。また，これら商事信託スキームの財産の権限が，第三者との間で争点とされたときにも，受託者個人の信託行為違反をもっては対抗することが困難ある。しかし，信託の機関として受託者をみたときには，そこに表見代理が成立しているかによって議論することは可能であろう。投資家である受益者からみた信頼性の観点からも，同説を論拠とすることは有用といえよう。

---

[44]　星野・前掲注(4) 33 頁参照。

第2章　改正信託法と商事信託

　平成19年に改正された信託法は，その特色の1つとして商事信託への対応を強化したことが指摘されている[45]。ここでいう商事信託の具体的な例としては，企業の資金調達手法として確立してきた，資産の流動化スキーム[46]における証券発行媒体として利用される信託である。

　改正された信託法の条文の中で，これと深く関わるのが，限定責任信託と受益証券発行信託の2つの概念である。これらは，旧法への解釈の中でも，

---

(45)　多数の投資家が受益権を取得することを想定した受益証券発行信託の特例，複雑なリスクを内包する事業を受託することを想定した限定責任信託の特例，などの条項に特徴が見出される。鈴木＝大串・前掲注(13)10-13頁，寺本振透『解説新信託法』（弘文堂，2007年）235-238頁，福田政之・池袋真実・大矢一郎・月岡崇『詳解新信託法』（清文社，2007年）446-447頁，など参照。

(46)　例えば，リース会社や信販会社が委託者となって組成されるスキームでは，リース債権や割賦債権が信託財産として受託者へ移転し，信託受益権が発行されるが，同時に受託者は受益権の売買の媒介等をおこない，分割された受益権は投資家に販売される。この投資家が受益者となり，委託者は，販売代金を受託者から交付されるのが実際の流れである。みずほ信託銀行編『債権流動化の法務と実務』（きんざい，2007年）84頁。そして，これらの証券を保有することだけを目的として設立された法人の信用リスクは，もともとの債務者（借入人や取引債務者）自身の倒産リスクからは分離して考えることができる。これが倒産隔離であり，いわゆるSPV（Special Purpose Vehicle，以下，SPVとする）を設立して，そこが譲り受けた債権を裏づけとした証券を発行して一般投資家から資金調達をおこなう資産流動化スキームの前提となっている。米国においては，このSPVとしてビジネストラストが利用されている。Tamar Frankel, *The Delaware Business Trust act failure as the new corporate law*, 23 Cardozo L.Rev.325, 344-46（2001）.

第Ⅱ部　商事信託組織論

わが国においてビジネストラスト類似の形態が実現する前提[47]とされていた。限定責任信託は，ある特定事業を企業本体から分離し，その事業単体での採算明確化が行なえる効果をもつ[48]。これは，事業統合や事業提携[49]に適用できる一手法となる。一方，受益証券発行信託は，受益証券発行によって不特定多数の投資家からの資金調達を行なうために機能する。特に，限定責任信託と組み合わせることによって，事業からのキャッシュ・フローのみに依存する資金調達形式を実現できる。

　これらは信託法上の特例として，資産の切り離しと，その資産を引当にした資金調達を実現したい企業の要請に応えるための法的整備であり[50]，またわが国においてビジネストラスト類似形態を確立する法的基礎でもある。限定責任信託は，信託財産自体を対外的な弁済責任の主体とおくための規定であり，受益証券発行信託は，流通市場を利用して多数の者から資金を集めるための規定といえる。つまり，ビジネストラスト類似形態の法的基盤として，いわばクルマの両輪といえよう。以下では，一般信託に対する特例としておかれる上記規定の法理について特徴的な要素を取り上げ，それがビジネ

---

(47)　四宮・前掲注(1)24頁参照。
(48)　会社法108条にも，特定事業部門の業績が配当にリンクする，いわゆるトラッキング・ストックの定めがあるが，これは会社の発行する株式であるから，会社の倒産リスクを回避することはできない。これに対して，信託受益証券であれば，会社本体とは特定事業が切り離されるため，会社の倒産から隔離されるメリットがある。
(49)　例示として，A社が信託宣言をし，委託者兼受託者として信託を設定し，これにB社がノウハウ・人材を提供して，その対価として受益権の一部を譲り受けるスキームがある。この結果，A社・B社が受益権を各々保有しつつ，実質的に共同事業を行なっていける。福田政之・池袋真実・大矢一郎・月岡崇『詳解新信託法』（清文社，2007年）90-91頁。
(50)　さらに，自己信託を組み合わせる発想もある。この具体的な適用例としては，委託者であるリース会社等が，自らのリース債権を信託財産として拠出して受益証券発行信託をしようとするとき，どのみち受託者（信託銀行等）から委託をうけて回収・サービサー業務を行なうのであれば，自らが1人2役，委託者と受託者を兼ねることがあげられる。

ストラスト法理とも共通していることを考察する。

第1節　限定責任信託

　一般信託の法理では，信託財産は法人格を有さないため，受託者が信託財産の所有名義人となり，信託事務処理のために行なう対外的取引に係る債権・債務の帰属先となる[51]。このため受託者は，信託財産とともに自らの固有財産も含めて，その対外債務への責任を負うべきものとされている。これに対する例外として，旧法においても，受託者は第三者との特約によって自らの責任範囲を信託財産に限定することが可能とされてきたが，新法においては，限定責任信託としてこの点が明示された。条文上，信託行為に限定責任信託の定め[52]があり，かつ限定責任信託としての登記[53]をしているものについて，受託者は信託財産のみをもって履行の責を負えばよいことが定められたのである[54]。

　限定責任信託は，222条に定める受託者の帳簿作成義務，あるいは232条の登記義務など，法人に接近する制度面での整備を行なっているが，本質的には，米国でいうコモン・ロー・トラストと同様の，法人格を有さない契約に基づく信託[55]を想定するものと解される。一方，米国のスタチュート

---

(51) 旧法16条では，信託財産および受託者の固有財産の双方が，強制執行の引当とされることが定められている。またこの裏返しとして，旧法36条には，受託者から信託財産および受益者に対する費用償還請求権が定められている。

(52) 216条1項では，そのすべての信託財産責任負担債務について，受託者は信託財産のみをもって履行の責任を負うこと，また同条2項では，信託目的・名称，委託者・受託者の名称などを，信託行為に定めることとしている。

(53) 232条では，信託行為に定めたときは，216条2項に列挙する事項等を，2週間以内に登記しなければならないとして登記義務を定めている。

(54) 当初，有限責任事業組合契約に類似するようなスキームとするならば，特別法で対処すべしとの意見も強かったが，結局，信託法の中に根拠をもたすべきとの意見が多く，信託法に特例として定められることとなった。

(55) なお，信託法2条2項ならびに3条では，信託行為として，契約の他，遺言と自己信託としての書面をあげている。

リ・トラストは，コモン・ロー・トラストが独立実体化した存在であるため，その名義で財産を所有し，また訴権を有している[56]。この点では，たしかに限定責任信託はスタチュートリ・トラストとは異なる存在である。

しかし，限定責任信託としての登記は，取引相手への明示手段の確保となり，信託債権者への保護をみたしている。また，このような明示制度の他にも，分配財源の規制ルールも定めている[57]。法人格を有するか否かの本質は，取引・契約の責任主体は誰かという点と，その責任引当財産が構成員から明確に区別される点にある。この意味からすれば，限定責任信託の法理は，最終責任主体が受託者なのか信託財産なのかを明確化して，取引債権者の安全を確保しようとするものであるから，独立実体化した米国スタチュートリ・トラストと同質の取引秩序を保てるといえよう。

第2節　受益証券発行信託

次に，受益証券発行信託の条項が，一般信託と異なる点をあげてみる。まず，212条の受託者の義務の特例である。具体的には，受託者の善管注意義務の軽減禁止（同条1項），および受託者による信託事務委任先への監督義務の軽減禁止（同条2項）である。受益権が有価証券化されて流通性が高まることから，さまざまな投資家に受益権が譲渡され，その結果，信託について必ずしも知識を有しない一般投資家が受益権を取得する可能性も高くなっ

---

(56) 限定責任信託を，わが国の合同会社と比較すると，共通点として，出資者・所有者の有限責任性を確保しつつ，内部関係者間の意思決定プロセスについて柔軟性の高い機能を有することがあげられる。しかし，一方で，いくつかの本質的な点が異なっている。合同会社は法人格を有し，その組織体名義で財産についての登記をできるし，所有権が帰属する。しかし，限定責任信託では受託者名義での公示となる。また，合同会社はその名において訴訟権限があるが，限定責任信託では信託の名においての訴訟権限はない。

(57) 井上聡『新しい信託30講』（弘文堂，2007年）255頁参照。なお，受益証券発行限定責任信託についても，会計監査人の設置を義務付けるなど，大規模会社に近い規律が設けられている。

てくる。これに対応して、受託者の義務の軽減を一律に禁止することによって、一般投資家を含む多数の受益者の保護を図ろうとするのが212条の法理である[58]。

　一方、受益者の権利に対する制限が加わることも、受益証券発行信託の特徴である。受益者の権利に関する一般原則を示す92条では、信託行為によって制限することのできない権利行使の項目を定めているが、213条ではこれに対する特例をおく。すなわち、同条1項では、総受益者の議決権の3/100以上を有する受益者に限り行使できる権利を定めている。また同じく、同条2項では、受益権総数の1/10以上を有する受益者に限り行使できる権利をおく。この法理は、受益者による権限濫用を防止することにある。つまり、各受益者に単独で各権利の行使をみとめた場合、一部の受益者の濫用的な権利行使により信託事務の円滑な遂行が阻害され、他の多数の受益者の利益が害されることをおそれているのである。

　このように、集団的信託であることを前提として、受益者の権利行使への制限と、受託者の信認義務の強化を併せて定めているところに、受益証券発行信託の特徴がある。特に、受託者の義務の軽減禁止に関しては、米国のビジネストラストにおいても統括文書の条項によって強弱をつけているが、このように法定していることは、受益者保護の基礎として信認義務を位置付けるものであり、ビジネストラスト法理と共通する。不特定多数の受益者を扱う信託の場合、受益者が合理的判断を行なう基礎として情報入手の手段を十分に提供すべきとの要請と、受益者多数による膨大な信託事務負担を勘案して、受益者の権利行使には正当な理由を要するのが合理的との考え方が対立するため、両者のバランスをとることが必要とされるのである。

　さらに、受益証券発行信託では、委託者の権利についても特例をおく。商事信託では、信託受益権の発行による資金調達を目的とする当初の委託者が、信託を組成した後、流通市場を通して不特定多数の投資家に受益権を転売していくことが多い。この委託者兼当初受益者である者（オリジネータ）が、

---

(58)　鈴木＝大串・前掲注(13)512頁参照。

第Ⅱ部　商事信託組織論

受益権を他人に譲渡しても，委託者としての地位は移転[59]せず，そのまま留保されるとするのが一般原則[60]である。これに対する特例が，215条に定められる。すなわち同条では，かかる譲渡が行われると，委託者の権利の一部については，受益者が代わって行使すべきことを定めている。具体的には，信託事務処理の状況に関する報告請求権や信託財産の保全処分に関する資料の閲覧請求権などである。この法理は，委託者による継続的な権利行使を認めることによって，同一事項について権限が委託者と多数受益者の双方に帰属し，法律関係が複雑化することを回避しようとするものである[61]。特に，

---

(59) 委託者の地位の移転については，旧法から学説の対立がみられた。委託者の地位は承継されず残存するという説（残存説）は，受益証券の取得者は，あくまでも受益者としての権利義務を承継したにすぎず，受益者兼委託者である者の地位自体を承継して，自らが委託者となるものではない，とした。つまり，委託者としての地位は一身専属的なものであるとする。この説によると，委託者の権利の大部分は一身専属権と解されるものであり，一部分の権利について財産的価値があるにしても，委託者の権利を2つの部分に分裂することは信託法の予想しえないところであるから，委託者の地位の譲渡は認められないとしたのである。福島量一『貸付信託法』（日本評論社，1953年）469頁参照。これに対して，移転説では，受益証券をその名称にかかわらず，実質的には委託者兼受益者の地位を表章するものと解し，これが譲渡移転するということは，委託者たる地位も移転することであると考えた。そして，信託法において委託者の交替あるいは当事者関係からの離脱について特別の規定を欠くだけでは，委託者の地位の譲渡が認められないとする理由にはならないとしたのである。大阪谷公雄「株券振替決済制度と信託法理」商事法務研究314号（1972年）4頁参照。

(60) 146条では，委託者の地位は，受託者および受益者の同意を得て，または信託行為において定めた方法に従って，第三者に移転することができるとしている。民事信託においては，委託者の権利は一身専属権といえるし，本来的には権利譲渡になじまない。しかし，商事信託のオリジネータを委託者ととらえたときには，受託者による運営への監督権限は（委託者自体への評価にも関わることでもあり），重要な要素である。まして，受益者が一般投資家であって，かかる監督権限には何ら関心を持たないときには，スキームのために委託者の役割は重要性を高めるであろう。

(61) 鈴木＝大串・前掲注(13)515頁参照。

第2章　改正信託法と商事信託

受益者が不特定多数におよぶ信託では、委託者との調整が困難であるため、かかる規定を設けているのであろう。

　しかし、かかる特例は、委託者の権利および監督機能重視の観点とは相違するものであり、私見では、一般原則と同じように委託者の権限移転は避けるべきと考える。委託者の権限の一部を新たな受益者に行使させることは、委託者の法的地位を縮減し、当事者関係を受託者と受益者に一元化する発想にもつながる。これは、信託受益権と株式の概念を同一化させるおそれもあり、一面的に肯定されるものではないと考える。

　株式会社の場合、現物にせよ金銭にせよ、出資者である株主が所有者である。これに対して、信託においては、委託者は信託の目的を定め、受託者との契約によってその仕組みを定義する存在である一方、受益者は、委託者と受託者によってつくられた仕組みに、商事信託であれば能動的に、また民事信託であれば基本的には受働的に、各々取り込まれる存在である。名目的に、当初は委託者イコール受益者としておくが、実質上は初めから純粋な投資家としての受益者を募ることが予定されている仕組みも少なくない[62]が、これも当初から委託者と受益者の地位を分離独立したものとする発想に立脚しているといえよう。株式においては、信託でいう委託者と受益者の機能が、同一人に帰属するように構成されているが、信託においては本来、この両者が別個の役割を果たしている。信託受益権は、まさしく受益者としての権限を表すものであるから、当初の委託者兼受益者が、信託受益権を第三者（投資家）に譲渡売却したとしても、そのことには関わらず、委託者としての権限は留保されるべきと考えるのである。

---

(62)　例えば、リース会社や信販会社が委託者となって組成されるスキームでは、リース債権や割賦債権が信託財産として受託者へ移転し、信託受益権が発行されるが、同時に受託者は受益権の売買の媒介等をおこない、分割された受益権は投資家に販売される。この投資家が受益者となり、委託者は、販売代金を受託者から交付されるのが実際の流れである。みずほ信託銀行・前掲注(46)84頁。

第Ⅱ部　商事信託組織論

第3節　委託者と信託目的に関する法理

　委託者の役割と重要性が継続することに関連して，信託目的は委託者のためのものであってよいかとの議論[63]がある。例えば，資産流動化を目的としてつくられる信託の場合，資金調達や受益権を複数の者に取得させることをもって，信託目的としてよいのかとの疑問が呈される。それは，委託者が資金を調達することによって，あるいは複数の者に受益権を取得させることによって，委託者にとっての目的が達せられるから，その時点において信託の終了事由が生じたことになるのではないかと考えられるからである。

　だが，この理に与すると，委託者の目的は信託目的とはならないという議論になってしまう。たしかに，その後も信託は持続するものであるし，その間，受託者は受益者のために信託財産管理を行なうものであるから，受益者のための信託目的が追加されて然るべきかもしれない。しかし，そもそもの委託者のための目的が否定されるものではないであろう。その過程なしには，複数の受益者が登場する第2段階まで移行しないのである。

　また，受益者のために信託財産が管理される段階に入ってからも，委託者は無関係な立場におかれたとは断言できない。この種の資金調達手法の場合，受益権を優先・劣後構造に分けて，委託者が劣後部分を保有している仕組み[64]もあるし，一定の条件で買い戻し義務を負う契約もある。そうでなくても，かかる信託が円滑に持続することは，委託者として市場からの評価にかかわる話でもある。いずれにしても，委託者は資金を調達したから，もはや無関係であるとか，信託の目的は達せられてしまったといった議論は相当ではないであろうし，委託者としても，信託期間が持続する限りは，受益者

---

[63]　鈴木＝大串・前掲注(13)23頁参照。

[64]　資産流動化スキームで，信託が用いられる場合の倒産予防措置，すなわち，破産手続においてカバーしきれない債務超過に陥ることを想定して，受益権を優先受益権と劣後受益権に区分し，オリジネータである委託者には，劣後部分を保有させ，一般投資家には優先部分を取得させるものである。井上・前掲注(57)123頁参照。

第 2 章　改正信託法と商事信託

の運営が適切であるか監督する必要性があるといえる。この意味では，受益者のために追加的につくられる信託目的もまた，委託者のためであるともいえよう。

　比較として，ビジネストラストの信託目的を考えてみる。ビジネストラストは，事業財産[65]を所有する委託者が，それをより有効に活用するために，専門能力[66]を有する受託者に財産の管理処分[67]を委ねることが基本である。そして運営上，多額の資金調達を必要とする場合には，市場を介した投資家を受益者として信託関係に取り込んでいくことになる。しかし，多数の受益者が当事者関係に存在しても，基本的な信託目的は伝統的な民事信託と同様であり，財産拠出をした委託者の意思を遂行していくことである。それが民事信託であれば，多くの場合の目的は，指定した受益者に財産を継承させていくことであるのに対して，商事信託の場合の目的は，資産の有効活用の仕組みをつくり運営していくことであろう。民事信託の場合は，利益を享受するのが専ら受益者であるために，受益者主体との色合いが強くなるかもしれないが，それでも委託者の意思を遂行していることには他ならない。

　商事信託も民事信託も，委託者の意思が尊重されなければならないことには変わりはなく，信託が継続していく限り，委託者に監督権限を留保すべきとの法理[68]は両者に共通のものと考えられるのである。この点からは，委

---

(65)　新法の解釈では，積極財産に加えて，消極財産（関連する債務）も包括した事業ユニット全体が，財産の範疇として許容されている。
(66)　資産運用に関する専門性や開発事業における組織調整力などの専門性のほか，財産管理能力自体なども含まれるため，信託会社などの組織が受託者となることが多い。
(67)　金銭や不動産を，他の財産形態に転換することも含む。
(68)　統一スタチュートリ・トラスト法の条文上も，委託者から受託者に対する監督機能について詳細な定義はされていないが，105 条にはコモン・ロー・トラストを管轄する一般信託法による補完がなされることが定められている。また，501 条以下の受託者の義務規定には，信認義務が定められている。つまり，これらの条文規定からは，委託者によって設定された信託目的を遵守するという信認義務の本質が担保されるものと考えられる。

託者は信託目的という根幹部分が受託者によって円滑に遂行し続けていくことを監督する存在であるため，報告や閲覧の権限を留保すべきであり，上述の受益証券発行信託の法理は修正することが望ましいと考える。

第4節　委託者の権利

　商事信託の主要な適用事例である資産流動化スキームでは，信託受益権が発行されて，当初は委託者である企業が取得するが，企業はこれを多数の投資家に転売していく。この投資家が，信託における受益者である。企業が資金調達を完了させたときには，一般的に受益者は多数投資家であり，企業自身は受益者ではなくなっている[69]。そしてその後，信託期間中，受託者によって拠出された信託財産の運用がなされて，受益者に配当と最終的な元本償還が行なわれていく。このため，信託運用期間を通して，信託の当事者関係として主体となるのは，受託者と受益者（多数投資家）である。

　このことから，特に商事信託を念頭に置いた場合，当事者関係から後退する委託者の権限については，縮小する方向で検討がなされた。その法理については後述するが，基本的な目的は，委託者と多数受益者の意見が対立したときに，権利関係が錯綜することを回避することとされている[70]。

　新法における委託者の権利は，次のとおり，3つに概念分けすることができる[71]。すなわち，(1)条文上，委託者が権利主体として明記されている権利，(2)条文上，利害関係人が権利主体とされている権利，(3)条文上，委託者でない者（受益者）が権利主体とされている権利，の各々である。

　まず(1)であるが，信託の監督に関する権限の主たるものとしては，信託事務処理状況等の報告請求権（36条），受託者解任の合意権（58条1項），裁判

---

(69)　ただし，資金調達スキームを，優先部分・劣後部分などにクラス分けし，企業自身も劣後部分を保有するケースも少なくない。みずほ信託銀行・前掲注(46)181-182頁参照。

(70)　鈴木＝大串・前掲注(13)380頁，寺本・前掲注(45)199頁，など参照。

(71)　鈴木＝大串・前掲注(13)382頁参照。

第 2 章　改正信託法と商事信託

所への受託者解任申立権（58 条 4 項），新受託者選任の合意権（62 条 1 項），受益証券発行信託における受益権原簿の閲覧等請求権（190 条 2 項）などである。この他にも，信託管理人・信託監督人・受益者代理人の各々に係る解任合意権および選任合意権がある。上記のうち，36 条および 58 条 4 項の権利は「委託者または受益者」とあるため，いずれかが単独で行使できるものであるが，それ以外の権利は，委託者と受益者の合意によって行使されるものである。

また，信託の基礎的変更に関する権限の主たるものとしては，信託変更への合意権（149 条 1 項），信託終了への合意権（164 条 1 項）などである。これらのうち，変更については委託者・受託者・受益者の三者が合意することが原則とされる一方，終了については委託者と受益者の二者の合意によって行なえることが原則である。

次に(2)であるが，この主たるものとしては，信託の帳簿等の閲覧謄写請求権（38 条 6 項）の他，裁判所に対して新受託者選任の申立権（62 条 4 項），信託管理人選任の申立権（123 条 4 項），信託監督人選任の申立権（131 条 4 項）などである。

以上の(1)および(2)に関しては，委託者も権利主体となり得るものであるから，仮にその権限を除外しようとするときには，145 条 1 項の規定を根拠として，信託行為によって委託者の権利放棄を定める対応となる。

他方，上記(3)の権利は，各条文においては，受益者が権利行使することが定められているものが大半である。主たるものを例示すると，受託者の権限違反行為の取消請求権（27 条），受託者の利益相反行為の取消請求権（31 条 6・7 項），帳簿等の閲覧謄写請求権（38 条），受託者の損失補填・原状回復請求権（40 条），受託者の行為の差止請求権（44 条）などである。

これらについては，145 条 2 項を根拠にして，委託者もこれらの権利の全部または一部を有する旨を信託行為で定めることができる。つまり，上記(1)(2)とは逆に，委託者に権利留保させるか否かが議論とされるのである。

第5節　信託法145条の法理

(1) 委託者の意思からマーケットの意思へ

このように,新法では145条によって,委託者の権限の制限を行なっている。もともと,旧法では,委託者は信託行為の当事者かつ財産の出捐者であること,また信託目的の設定者として,信託財産に対して特に深い利害関係を有する事実に着目して,法律上の権限を与えていた[72]。しかし,新法では,信託事務の処理方針などについて委託者と受益者の間に意見対立が生じた場合に,受託者としてどちらを優先すべきか判断に迷い,結果として信託事務処理が停滞するおそれを回避することに問題意識をおいている[73]。つまり,いったん信託が成立した後は,委託者は不可欠の存在ではなくなるとの視点に立ち,原則的に信託事務処理に関する請求等について,受益者の意見が優先されるように配慮しているのである。このことは,信託の利益を直接的に享受する受益者が主たる利害関係を有する存在であるから,受益者と重ねて委託者との間でも,受託者へ義務と責任を負わせる必要性は低いとの考え方にも裏付けられている[74]。

この発想の背景には,商事信託に係るスキームを包摂していくことへの配慮があるものと推察される。例えば,商事信託の一例である不動産流動化においても,委託者(オリジネータと同義である)は,スキームが成立して,信託受益権を受益者(投資家と同義である)に売却した後には,信託財産の管理・処分の結果について,経済的な利害を有さない。このようなケースで,委託者に強い権限を付与すると,受益者と意見が一致しないときには権利関

---

(72)　四宮・前掲注(1)341頁参照。

(73)　鈴木＝大串・前掲注(13)380頁,寺本・前掲注(45)199頁,参照

(74)　商事信託研究会・前掲注(5)194頁参照。ただし,この文脈の中では,委託者と受益者が一対一対応であることを前提とされているようであるが,実際には,委託者1社対多数の個人投資家(受益者)という構図が,多くのケースで予想されるであろう。

係が煩雑になるおそれがあるといえよう[75]。

　商事信託の本質を説明する通説は，2つの特徴をあげている。その1つは，商事信託において主体となるのは，信託財産そのものの存在ではなく，商事性を有するアレンジメントとすることである。またもう1つは，委託者の意思ではなく，マーケットの意思と言うべきものが重要とすることである。上述の委託者の権限に関する法理は，かかる通説に関連性が強いものとみられる。この通説についての疑問点は後述のこととし，ここではまず，その論旨を整理してみたい。

　商事信託の典型例として，オリジネータの有するリース債権を何十本も集めて信託し，受益証券を発行し，投資家に販売するスキームがある。いわゆる，リース債権の流動化である。この1本ずつのリース債権は信託財産であるが，それらが集合化して信託受益権に転換されるものと理解する。投資家にとっては，1本ずつのリース債権が譲渡対象とされるよりも，再転売を含めた市場性・流通性の程度が高くなることにメリットが見出される。オリジネータとしても，投資家が好んで取得しようとする形態にリース債権が転換されることは，債権譲渡によって資金調達をしようとする目的に合致してくる。

　これは，リース債権という信託財産を，市場の投資家すなわちマーケットが望む仕組みにアレンジしているものといえる。そのことをとらえて，通説では，商事信託の本質は，信託財産それ自体の存在というよりも，マーケットのニーズに合わせたアレンジメントにあると考えるのである[76]。

　またここでは，マーケットがどのように評価するかを出発点にして，スキームを組成していくため，委託者はそれに沿うように，受働的な姿勢で財産拠出を行なっていくとみることもできる。これをもって，商事信託では，委託者の意思よりもマーケットの意思というべきものが重要であり，その信

---

(75)　寺本・前掲注(45)199頁，参照。
(76)　神田秀樹「商事信託の法理について」(信託法研究第22号（1998）) 54頁参照。さらには，不動産の証券化などに関しては，信託財産の形態が転換されることもアレンジメントの一種といえる。

託目的も，マーケットの意思に従った，あるいはマーケットのニーズに適合したアレンジメントの管理および実行である[77]，と通説では考えている。

(2) 委託者の地位の譲渡性

このように，商事信託では，委託者からマーケットすなわち集団的な受益者へと，重要性の比重を傾けていった。このことは，委託者の地位についての考え方にも変化をもたらせている。旧法上，委託者は，まず法律行為の当事者であり信託行為の無効や取消を主張することができ，その場合には，信託財産は委託者に復帰することになる[78]。さらに，財産の出捐をした最終的な帰属権利者としても定義されている[79]。また一方，信託目的の設定者として，信託財産に深い利害関係を有するとの認識から，信託財産に対する不法な強制執行等への異議申立権（旧法16条），受託者の信託違反による損失の填補請求権（旧法27条）などが規定されている。

学説上，この2つの立場のうち，法律行為の当事者および財産の出捐者としての地位は，帰属・行使とも一身専属権ではなく譲渡性があると解される。他方，信託目的設定者としての地位は，譲渡性のない一身専属的な権利であると解されている[80]。この説によれば，委託者の地位および権利は，このように2つの性格に分裂していることから，その地位を譲渡することはできないものと解している[81][82]。

---

(77) 神田・前掲注(76)54頁参照。また，委託者となるオリジネータは，民事信託のように，受益者に享受させたい利益の大きさや水準について，みずからの意思のみで決定できるのではなく，投資家のニーズや市場動向について，推察と協議をしながら決定していくものと考えられる。

(78) 四宮・前掲注(1)341頁。

(79) 旧法62条，ただしこれは，信託行為において信託財産の帰属権利者を定めていないときである。

(80) 四宮・前掲注(1)344頁。

(81) 四宮・前掲注(1)344頁。なお，例外的に，個性的でない自益信託および投資信託における委託者の地位については，その譲渡を肯定している。これは，委託者が個人的に受託者報酬支払義務を負っているものではなく，信託財産

第 2 章　改正信託法と商事信託

　委託者の地位に関する旧法上の議論は，新法制定においては，その譲渡性を認めるかの点に集中している。商事信託では一般的な流れであるが，当初，委託者イコール受益者で組成された自益信託は，新たな複数受益者（投資家）に受益権が譲渡されて，他益信託へと変換していく。この受益権譲渡後に，委託者と受益者の意見対立が生じて，法律関係が複雑化することを回避させるためには，委託者の地位が受益権取得者に承継されることが好ましい。かかる観点から，新法 146 条では，委託者の地位は，受託者および受益者の同意を得て，移転できるものと定めたのである。

　しかし，旧法上の学説において区分されていた委託者の地位のうち，譲渡性のない一身専属的な性格とされる信託目的設定者としての立場を，受益権取得者に完全に承継させてよいかについては議論もある。たとえば，旧法 47 条に定める受託者の解任請求権は，新法 58 条では受益者との合意のもとで解任できることと定められているが，委託者が破産したときに，その管財人が代わって解任請求権を行使することについては，否定的な判例および学説もある[83]。

　また，旧法上の学説では，委託者の地位を，財産的価値のある契約当事

　　から支弁されているものであるから，譲渡に関して，契約の相手方である受託者の承認を求める必要がないことを理由としている。

(82)　また，これについては折衷説もあり，自益信託については，委託者の地位が譲渡されずに分離されて残ることによる法律関係の錯綜を避けるために，委託者の地位は譲渡されるべきである一方，このような懸念のない他益信託については，そもそも委託者の地位には経済的な価値がないことを理由にして，その譲渡を否定する見解もある。能見善久『現代信託法』（有斐閣，2004 年）214 頁参照。

(83)　旧法における判例になるが，受託者解任請求権は，信託契約より生じる委託者の地位によるものであるから，その地位と分離して存するものではなく，破産法によって定める差し押さえられるべき財産・請求権ではないと解されている（東京地方裁判所による昭和 2 年 5 月 2 日の決定，法律新聞 2691 号 6 頁参照）。鈴木＝大串・前掲注(13)392 頁参照。ただし，学説では，旧法 57 条の委託者の解除権は財産権的性格が濃厚であるから，本事件においても破産管財人の権利行使を認めるべき，との批判もある。四宮・前掲注(1)342 頁。

者・財産出捐者と，財産価値には換価できない信託目的設定者に区分し，前者に譲渡性を認めてきた。これに対して新法では，財産価値というよりも，受益権取得者との法律関係の調整を主眼においており，議論の前提が異なっているともいえよう。

第6節　商事信託法理への疑問点

　上述のとおり，商事信託において主体となるのは，信託財産そのものではなく，マーケットの望むアレンジメントであり，このため，委託者の意思よりもマーケットの意思が重要である，とされている。ここでいうマーケットとは，具体的には，商事信託スキームに対する投資家層であり，受益者となる存在である。

　この商事信託の法理から導き出される信託目的とは，「取引の対象ないし客体の性質を変化させること」，具体的には「信託財産を，より高い流通性を有する受益権に転換させること」である[84]。これは，商事信託の中でも，資産の流動化・証券化[85]を信託を利用して行なう場合に，典型的にあてはまるものである[86]。

　しかし，信託財産を受益権に転換させること，そしてそれを取得させたい投資家層（ここでいうマーケット）のニーズを反映させることは，信託の本質を転換させることにつながるのであろうか。信託財産が，多数受益者に取得させるための受益権に転換されたとしても，そこから生じる本源的な収益やキャッシュフローは同じではないだろうか。むしろ，商事信託スキームや

---

(84)　神田・前掲注(76)62頁参照。

(85)　流動化と証券化は，往々にして，混同して用いられる傾向にあるが，正確には，資金調達を目的として，ある客体を"流動化"したいという目的があり，具体的には多数の投資家に資金を投じてもらうための手段として，"証券化"を行なうのである。両者は，一連の流れとしてつながっているため，ある1つのスキームをとらえたときに，流動化・証券化どちらの呼称をもっても，同義にとらえられているのが実情といえよう。

(86)　神田・前掲注(76)62頁参照。

米国のスタチュートリ・トラストにみるように，受託者の権限と義務が緩和される分だけ一層，受益者や信託債権者にとっての最終弁済引当として信託財産が前面に出て，法主体性を帯びてくるといえるのではないかと考える。

また，信託財産をマーケットで受け入れられやすい仕組みに転換して，資金調達を行なおうとする主体は委託者であり，受益者は，委託者がつくった器，すなわちマーケットへのオファーを受け入れて，選択的に信託関係に入ってくるのである。このことからすると，やはり委託者の意思が起動となり，集団的な投資家すなわちマーケットは，受働的な存在ではないだろうか。

このことに関連して，資産を流動化させることや受益権を複数の者に取得させること自体は，信託法上の「一定の目的」とはならないとする説[87]もある。同説では，かかる目的を信託目的とすると，受益権が投資家層に取得された段階，すなわちこれから投資期間が始まろうとする段階で，信託目的が達成されて信託終了事由が生じることになる，という論理矛盾を指摘している。信託目的とは，受益者のために受託者の行為を拘束するものである，と同説は考えるのである[88]。

この説にしたがえば，信託目的そのものを委託者の資金調達であるとはしないが，それでも，委託者の意思は汲み上げられる。つまり，委託者の組成したスキームに入った受益者らの利益を守るために，受託者の行為を規律することが信託目的となるのである。いずれにしても，投資家層（マーケット）に受け入れられるスキームを作りあげること自体が，信託目的であるとはいえないし，マーケットの意思が委託者の意思を代替して，これによって信託目的が構築されるとは考えにくいのである。

---

(87) 新井・前掲注(3)441-42頁参照。たしかに資産流動化法第2条13項では，特定目的信託について，「資産の流動化を行なうことを目的とし，かつ信託契約の締結時において，委託者が有する信託の受益権を分割することにより，複数の者に取得させることを目的とするもの」と定義されているが，ここでいう目的を，一般の信託法第2条1項でいう「一定の目的」と解することはできない，としている。

(88) 新井・前掲注(3)442頁参照。よって，同説では，流動化による信託は，はじめから委託者と受益者が同一である他益信託ととらえるべきとしている。

第3章　委託者の意思と信託目的による規範

　ここまで，新法に大きな影響を与えている商事信託の法理を概観し，そのなかでも，信託目的の設定者である委託者を重視しないことについての疑問点をあげてきた。委託者の権限を後退させた理由として，委託者と受益者の意見の対立によって，受託者の円滑な信託事務処理が，妨げられるおそれを回避することがあげられている。

　これに対して，本稿では，適切な監督能力を有さない一般投資家（受益者）を保護するためにも，委託者の役割が必要ではないかとの疑問を呈している。とりわけ，受託者の信認義務の緩和など重要な局面においては，そもそもの信託行為を設定した委託者が，当該受託者に求める役割と緩和の基準を最もよく知る者であるから，その判断を重視すべきとも考えられる。

　本章では，この疑問を裏付ける論拠を，米国の委託者に係る学説に求めていく。わが国の商事信託分野は，受益証券発行信託の特例（新法185条以下）や限定責任信託の特例（同216条以下）をはじめとして，米国の信託法を参照するところが大きい。実際の適用分野としても，債権流動化にみるように，米国ではビジネストラストの一種として先行してきた。このため，委託者と信託の把握に関する考察についても，米国での議論が参考になるからである。

　米国の商事信託分野における委託者の位置付けに関する議論も，信託を契約の1つとして把握しその契約当事者である委託者の地位を重視する学説と，それへの批判によって議論が展開されてきた。この学説対立の帰趨は，信託の中心的な規律として，信託目的と委託者をイコールでとらえるかどうかに拠ってくる。

そこで，委託者の意思と信託の変更に係る学説[89]を検討する。ここでは，信託設定から相当期間が経過し，信託設定時には予見できなかった事情が生じていた場合，信託の変更をどう判断するかが論点となる。この判断基準として，信託目的を設定した委託者の意思は普遍であり，これに反する変更はできないとの考え方（委託者意思普遍説）と，信託目的は委託者から独立しているのだから，委託者自身が現存しなくなったときには，委託者の意思に拘束される必要はないとの考え方（委託者意思変更説）の2つが対立する。

この問題は，信託目的は委託者自身からは離れて信託当事者全体への規範となるとの解釈[90]の是非につながる。信託目的が委託者に従属していなければ，委託者個人の意思自体を重視しなくてよいと考えられるからである。商事信託の法理は，上述の委託者意思変更説をとっていると解される。

以上の米国学説への考察をふまえて，わが国の商事信託における委託者の位置づけを評価する。ここでは，委託者の意思が信託目的との属人的な結びつきを解かれていても，委託者の地位の重要性が否定されるものではない点について問題提起する。

第1節　米国における委託者の位置づけ

第1部で，ビジネストラストの基本構造への契約的把握に対する批判として，委託者と受託者の契約とは別に，大多数の集団的受益者を意識した規律も必要とされることを述べた。この問題意識は，米国各州のビジネストラスト制定法において顕著であった。

---

(89) 木村仁「委託者の意思と信託の変更について」（信託法研究第33号（2008））87頁以下参照。なお，旧法を前提にした学説の中で，委託者の契約当事者としての役割を論じたものとして，富田仁『信託の構造と信託契約』（酒井書店，2006年）208頁参照。

(90) 星野・前掲注(27)324頁参照。信託目的が，信託当事者全体の規範とされることは，当該信託を団体的に把握して，信託目的をその団体の根本規則あるいは定款のようにとらえる発想につながるといえよう。

第3章　委託者の意思と信託目的による規範

　各州制定法の特徴は，ビジネストラストの entity 化[91]であった。従前のビジネストラストが契約に基づくコモン・ロー・トラストと称されることに対して，この新たなビジネストラスト形態は州政府に法主体性を承認された存在であり，スタチュートリ・トラストと称されている。この形態は，明確に法主体性が承認されている点で，わが国の商事信託とは，法的な前提が異なっている。しかし，委託者を取り込む信託を，契約とみるか，あるいは団体としてとらえるのかを考察するうえで，米国における展開は参照する価値がある。

　ビジネストラストは，柔軟な組織運営が行なえることが株式会社との差別化であり，その存在価値である。このため，各州制定法上も，統括文書（governing instrument）が重視され，大半の規定は「統括文書に特段の定めがない限り」あるいは「統括文書によって別の定めをおくことができる」のようにデフォルト・ルール化している。多くの場合，この統括文書は，委託者と受託者の合意により作成される[92]のだが，制定法上，委託者に直接言及する条項はほとんどみられない。このことは，委託者の意思あるいは信託目的は統括文書に反映されている訳であるから，委託者ではなく統括文書という文言をもって，信託関係を統治していこうとする法理と解釈される。

　しかし，このことは単純に，信託設定者である委託者が軽視されていることとはいえないであろう。問題は，統括文書と委託者あるいは委託者の意思との関係である。統括文書とは，信託目的を円滑に実現するための規律を示したものである[93]が，統括文書はあくまでも委託者に帰属し続けるものな

---

[91]　信託財産自体に，対外債務の責任主体性を観念し，当該ビジネストラストが，委託者や受託者などの信託関係当事者から法的に独立した存在とみなされることをもって，ここでは entity 化と考える。

[92]　また，委託者自身の信託宣言によって構成されることもある。代表的な州法であるデラウェア州法上の条項として Del.Code Ann.tit.12, § 3801(c) (1995 & Supp.2010)。また，統一スタチュートリ・トラスト法上の条項として Uniform Statutory Trust Entity Act, § 102(18) (2009)。

[93]　統一スタチュートリ・トラスト法第103条では，統括文書は，スタチュートリ・トラストの経営・内部管理・運営方法に関する定め，受託者・受益者・

のか[94]、それとも信託当事者全体への規律として、委託者個人からは離れたものと考えるべきか[95]が論点とされる。

ラングバイン教授のように信託を契約的にとらえると、信託目的は契約当事者に帰属し続けると考えられる。しかし、信託をentityとして団体的に把握すると、信託目的はその団体を構成する当事者にとっての共通規範と考えられる。いずれにおいても、信託目的そのものがメルクマールとされることには相違ないが、信託目的と委託者の意思を同義ととらえるのか、そしてそれは委託者が存在しなくなっても不変であるのかについて、次節で米国の潮流を確認する。

第2節　委託者の意思に関する米国学説上の解釈

信託の変更に関する学説は、米国民事信託の領域における、永久拘束禁止則[96]を撤廃するか否かが議論の出発点である。近年、米国の信託法では、

  トラスト自体に関する権利義務・権限・相互関係などの定めを置くものと定義されている。Uniform Statutory Trust Entity Act, §103(a)(1)(2) (2009).
(94)　学説では、信託目的を規律する信託条項を、客観的に解釈した結果が委託者の意思とされるべきか、それとも現存する委託者の意思それ自体を委託者の意思とみるか、2つの見解があることが指摘されている。星野・前掲注(27)216頁参照。
(95)　信託目的によって基礎付けられる統括文書は、当事者の権利義務と利益の内容を設定する。つまり、信託目的は、当事者に規制と制限を与える拘束性を有している、との見解がある。星野・前掲注(27)324頁参照。
(96)　永久拘束禁止則 (rule against perpetuities) は、権利設定時に生存している者の生涯間、およびその者らの最後の生存者の死後21年以内に、権利が確定しない限り、いかなる財産処分も無効とされるものであり、その起源は17世紀後半のDuke of Norfolk's Case ((1678) 1 Vern.164, 3 Ch.Cas.1.) であるとされている。海原文雄『英米信託法概論』(有信堂、1998年) 108頁参照。なお、米国では、1986年に統一州法委員全国会議において、統一永久拘束禁止法 (Uniform Statutory Rule Against Perpetuities) が公表されているが、その特徴として、上述の21年以内に加えて、権利設定から90年以内に確実に確定するものも有効とするという基準もおいている。同法は、2007年まで

第3章　委託者の意思と信託目的による規範

委託者の意思を尊重することを前提にしながらも，信託の柔軟性を高めるために，信託の変更または終了の要件を緩和する流れがある。これは，信託目的を中心として信託条項に表された委託者の意思と，信託の変更を求める受益者の利益を，いかに調整するかとの問題である[97]。なお，商事信託の領域を視野に入れて，より包括的な観点でこの問題をとらえるときには，方法論として，民事信託・商事信託いずれの領域にとっても共通規範となる，第3次リステイトメントおよび統一信託法典上の変更点を考察することが適当である。

この緩和の流れの基礎となったのは，1889年クラフリン事件[98]を契機とした判例法理である。この事件は，委託者が定めた信託終了時期の前に，信託を終了させて残余財産を受け取ろうとする受益者の請求の適否が争われたものである。マサチューセッツ州最高裁は，「委託者（遺言者）の意思は，法の積極的な準則または公序良俗に反しない限り，実現されるべきである」として，受益者の請求を退けている。この判例は，後の判例で，たとえすべての受益者の合意があったとしても，信託の重要な目的に反して，信託を終了または変更することはできないとのルールに発展することとなり，クラフリン・ルールと呼ばれている[99]。

統一信託法典は，この趣旨を容れ[100]，受益者の合意に基づく変更が可能

　　　には，半数以上の州で採択されている。木村・前掲注(89)90頁参照。
(97)　木村・前掲注(89)88頁参照。この問題は，商事信託の領域においては，信託財産の変動や運用方針の変更など信託行為における重要事項の変更，あるいは受託者の義務の緩和や受託者の解任事由，信託の終了などについて，どこまで当初の信託行為の拘束性を認めるかが論点となる。
(98)　Clafrin v. Clafrin, 20 N.E. 454 (Mass. 1889).
(99)　木村・前掲注(89)96頁参照。
(100)　411条（非公益かつ撤回不能信託の同意による変更または終了）においては，まず(a)項で「その変更または終了がその信託の重要な目的と矛盾しているとしても，委託者および受益者全員の同意によって」変更・終了できるとする。次に，(b)項では，「裁判所が，信託を継続させることが，重要な目的を達成するために必要ではない」と判断したときは，受益者全員の同意によって終了できるとしている。さらに，412条(a)項では，委託者が予期しなかっ

となるのは，信託の重要な目的が容易に推定されないときであるとしている。換言すれば，委託者が重要な目的を明示している場合や推定される場合には，受益者の合意による変更・終了は困難となるわけであり，委託者の意思が重視されている[101]。これは，委託者意思普遍説であり，信託目的は委託者自身に帰属するとの考え方である。

　一方，第3次リステイトメントは，上記に対する修正的な解釈を示している。一例として，商事信託の分野に属する事案で，受益者による受託者の解任請求の当否が争われた判例に対するコメント[102]がある。ここでは，委託者との関係が密接ではない法人受託者が定型的サービスを提供する場合，かかる受託者がその職務に留まることは，信託の重要な目的を達成するために必要とはいえず，受益者の合意に基づく受託者の解任を認めてよい，とされている。このことからは，委託者がどの程度，受託者の特定能力や属性に依拠していたかなど，委託者の意思について合理的な解釈を行ない，普遍性の高い重要な目的か否かを判断するべきものと考えられる[103]。これは，委託者意思変更説であり，委託者個人の存在は重視されない。

　信託の存続期間が長期化することにより，それだけ，委託者が当初予見で

　　　た事情によって，信託の変更・終了が「信託の目的を推進することになると裁判所が判断した場合」は，信託の変更・終了が裁判所によって行えると定めている。この3段階は，①委託者の同意による判断，②（委託者不在での）信託の重要な目的に照らした裁判所の消極的判断，③（委託者不在での）信託の目的推進に照らした裁判所の積極的判断，とレベル分けして解釈することができる。
（101）　木村・前掲注(89)97頁参照。
（102）　Letter Opinion from Glen A. Severson, Circuit Court of South Dakota, to counsel regarding In re May C. Hogan Trust (Nov.10, 1999). ここではまず，法人受託者が交替することは，信託目的の重要な変更とはいえないため可と考えている。そして次に，受益者2/3の同意によって受託者を交替できるとの条項を加えることについては，当該信託に重大な変更をもたらすおそれもあるため不可である，としている。Restatement 3rd of Trusts §65 at 490-91, comment f (2003) 参照。
（103）　木村・前掲注(89)105頁参照。

第3章　委託者の意思と信託目的による規範

きなかった事情が生じる可能性が高くなる。このような状況で，信託条項を変更しようとするとき，クラフリン・ルールは，委託者によって示されている信託の重要な目的を価値基準におく。第3次リステイトメントの基本姿勢も，これから乖離するものではないが，委託者の意思を貫徹するという原則をやや緩和して，委託者の真意を合理的に探求する方向へ比重を移している[104]。このことから，米国の流れは委託者意思変更説にあるといえよう。

第3節　委託者の意思に関するわが国の解釈

(1) 委託者の意思と信託目的

次に，上述した信託の変更と委託者の意思との関係が，わが国の新法においては，どのように考えられているかを確認してみる。この問題の前提として，米国の議論と同じ背景，すなわち信託の永続性がわが国の信託法にもみられる。新法は，企業の様々な資金調達ニーズに対応する商事信託に配慮した柔軟な規定振りとなっている。その1つとして，信託期間が長期化することも想定し，目的信託や受益者連続型信託[105]など特定の信託を除き，明確

---

[104] 木村・前掲注(89)107頁参照。また，これを裏付ける近時の判例として，In re Estate of Brown, 528 A.2d 752（Vt. 1987）があげられる。本件についての裁判所の姿勢も，全受益者の同意があることには拘らず，委託者による信託の重要な目的が達成されているかどうかを判断基準としている点で，クラフリン・ルールと相違はない。しかし，実際の検討においては，生涯受益権者の収入を保障することが委託者の第2の目的であると，信託条項の文言から推論し，未だ，信託を終了し残余受益権者への配分をすべきではないと結論付けている。これは，委託者の立てた重要な信託目的を推察し，これを基準とした合理的判断を行なう手法といえる。

[105] 受益者の定めのない信託（いわゆる目的信託）の存続期間について，259条では「20年を超えることができない」としている。この20年とは，財産権の取得時効の期間や債権の消滅時効の期間などの，民法上の定めと平仄をとっているものと解される。また，受益者の死亡により他の者が新たに受益権を取得する旨の定めのある信託（いわゆる受益者連続型信託）の存続期間については，91条で「当該信託がされた時から30年を経過した後には，受

169

な信託期限を定めていない。これは，商事信託スキームの一部が，法人代替のビークル機能を提供することを視野に入れ，法人格ある組織のように明確な永続性を有せないにしても，これに準じる効果を期しているためと解される。特に，商事信託では，委託者・受託者とも法人であるケースが大半であり，永続的な信託を構成しやすいのである。

　信託期間の長期化に伴い，民事信託においては委託者の死亡が想定される。これに対して，商事信託においては，自益信託の委託者が受益権を手放すことをもって，信託関係からの離脱ととらえるのか否かがそもそも問題とされるが，仮に，委託者がその地位を離れるとした場合，委託者の意思は信託目的に普遍的に反映されて，当事者を拘束し続けると考えるべきであろうか。それとも，委託者の意思は，委託者自身のものであるから，委託者が信託関係上の地位を離脱すれば，受託者や受益者への拘束性はないものと考えるべきであろうか。

　この問題について，委託者が存在しない状況での信託の変更に関する規定をみると，旧法では23条に，委託者・受託者・受益者の各々は，裁判所に対して変更を請求できることが定められているのみであった。これに対して，新法の条文では，信託の変更は委託者・受託者・受益者の合意によって行なうこと（149条1項）が原則とされ，信託の目的に反しないことが明らかなときは，受託者・受益者のみで合意をすることができるとしている。また，委託者が現に存しない場合の定め（149条5項）を解釈すると，委託者が物理的に存在しなくても，信託の変更を行なうことに支障はないといえよう。

　加えて，委託者も含めた当事者は，単独で信託の変更命令を裁判所に申し立てることができる（150条1項）が，ここでのメルクマールは，信託行為の当時，予見できなかった特別の事情の存在であり，信託目的に照らした信託行為の定めが適合しなくなることである。つまり，信託目的は価値基準として厳然と存在するという前提のもとで，信託行為の変更が判断されるので

益権を有効に取得できない」とされている。これによっても，30年以内に取得した者は，その生涯において権利者となれるため，信託期間は設定時から，数10年にわたるものと想定される。

第3章　委託者の意思と信託目的による規範

ある。これは，委託者がいなくても実現される。

　以上の2点を併せ考えると，委託者の個人的な存在あるいは委託者の属人的な意思は，判断材料として必須のものとされない一方で，信託目的自体は決定的な要素とするのが，新法の立場であるといえる。この観点は，委託者自体と信託目的を切り離した，委託者意思変更説であると解される。

　商事信託に適用される信託スキームを契約的に把握した場合，委託者が自ら有する受益権を譲渡すると，受託者との契約当事者の地位から離れると考えられる。信託目的とは，契約上のものであるから，契約当事者の立場から離れた以上，もはや信託目的は委託者との属人的なつながりはないものとも解釈できる。これに対して，同じ信託スキームを団体的に把握すると，委託者は受益権譲渡を行なった後も，団体の一構成機関として，当事者関係にとどまるものとも解される。新法では，この解釈を避けるため，そもそも委託者の地位を契約当事者・信託目的設定者と明確に区別することなく，受益権の譲渡行為に伴って，その地位も移転承継されることが基本としているものと解される[106]。団体的把握に立った場合，信託目的が委託者自身に属し続けるとも考えられるが，新法の法理では，これを排しているといえよう。

(2) **委託者の地位と信託目的**

　なお，米国においても，信託目的設定時には予見できなかった事情の変更が生じたとき，信託条項の変更には，委託者の立てた重要な目的を合理的に解釈する必要があるとするが，ここでの解釈の対象が，委託者自身の意思か，それとも信託目的か，あるいは両者を同一のものとみているのか，判然としなかった[107]。

---

(106)　鈴木＝大串・前掲注(13)393頁，福田＝池袋＝大矢＝月岡・前掲注(49) 385-386頁，新井・前掲注(3)197-198頁などを参照。
(107)　わが国学説でも，信託目的は，たしかに信託関係の成立に際して委託者により設定されるものであるが，信託関係が成立した後において，委託者が受託者に対する監督権限を行使する場合における「委託者の意思」と，当該信託関係における「信託目的」とは，理論的に常に一致するわけではない，

第Ⅱ部　商事信託組織論

　この問題は，直接的には信託目的と委託者の関係であるが，実質的には，信託における委託者の地位に対する解釈によって左右される。委託者の地位については，2つの見方がある。1つは，信託目的を自ら形成し，その達成に向けて主要な役割を果たすべき者としてとらえる見方（"積極説"とする）である。またもう1つは，逆に，信託目的の達成は，受益者と受託者によって専ら担われるもので，委託者は信託関係から事実上，離脱されるべきとのとらえ方（"消極説"）である。積極説に立てば，委託者自身が，自ら設定した目的達成のために，受託者への監督権限と信託運営への関与を強くもつと考えられるから，信託目的と委託者が切り離されても，委託者不要とはされない。

　商事信託の信託目的とは，本質的にはどのようなものであろうか。商事信託は，事業財産[108]を所有する委託者が，それをより有効に活用するために，専門能力[109]を有する受託者に財産の管理処分[110]を委ねることが基本である。そして運営上，多額の資金調達を必要とする場合には，市場を介した投資家を受益者として信託関係に取り込んでいくことになる。しかし，多数の受益者が当事者関係に存在しても，基本的な信託目的は伝統的な民事信託と同様であり，財産拠出をした委託者の意思を遂行していくことである。それが民事信託であれば，多くの場合の目的は，指定した受益者に財産を継承させていくことであるのに対して，商事信託の場合の目的は，資産の有効活用の仕組みをつくり運営していくことであろう。商事信託では，利益を享受するのが専ら受益者であるため[111]に，受益者主体との色合いが強くなるかも

　　　　との指摘もある。星野・前掲注(4)161頁参照。
(108)　新法の解釈では，積極財産に加えて，消極財産（関連する債務）も包括した事業ユニット全体が，財産の範疇として許容されている。
(109)　資産運用に関する専門性や開発事業における組織調整力などの専門性のほか，財産管理能力自体なども含まれるため，信託会社などの組織が受託者となることが多い。
(110)　金銭や不動産を，他の財産形態に転換することも含む。
(111)　民事信託では，委託者の生前は，委託者イコール第1受益者であり，財産承継者が第2受益者とされることも多い。これに対して，資産流動化など

第3章　委託者の意思と信託目的による規範

しれないが，それでも委託者の意思を遂行していることには他ならない。つまり，商事信託も民事信託も，委託者の意思が尊重されなければならないことには変わりはなく，積極説に立てば，信託が継続していく限り，委託者に監督権限を留保すべきとの法理[112]は両者に共通のものと解される。

　　　の商事信託では，はじめから投資家が受益者であり，委託者が信託財産からの配当などを受けることは想定されていない違いがある。
(112)　ちなみに米国の統一スタチュートリ・トラスト法の条文上も，委託者から受託者に対する監督機能について詳細な定義はされていないが，105条にはコモン・ロー・トラストを管轄する一般信託法による補完がなされることが定められている。また，501条以下の受託者の義務規定には，信認義務が定められている。つまり，これらの条文規定からは，委託者によって設定された信託目的を遵守するという信認義務の本質が担保されるものと考えられる。

第4章　委託者の地位と組織理論

第1節　委託者を包摂する信託把握論

　前章までの考察により，委託者の権限に係る議論は，信託における委託者の地位，特にみずから設定した信託目的に対して，積極的な関与が行なえる立場か否かによって検討されるべきとされた。商事信託では，信託を団体的な視点で把握している要素が強い。これは，新法の条文の中でも，受益者集会（106条以下），受益証券発行限定責任信託の特例として会計監査人に係る定め（248条以下）などに，端的に反映されている。この視点に立つと，委託者・受託者など信託当事者は，一種のentity（独立実体）の構成メンバーであり，委託者の立てた信託目的も，信託全体にかかる共通規範化する。

　前章までにも，信託を契約あるいは団体的にみるか，2つの把握の仕方をのべてきた。これらは，信託の法的性質に係るものであり，受益権の性質あるいは第三者への責任主体に着目すると，わが国では債権説[113]および信託財産実質法主体性説[114]の2大学説に分かれてこよう。しかし，信託制度そ

---
[113]　債権説では，(1)信託行為の対象となる財産権（信託財産）の管理権・処分権のみならず，その財産名義も含めて，委託者から受託者へ移転する。また一方で，(2)受託者は，当該信託財産を，あくまでも受益者のために活用するという管理処分上の制約を負い，この拘束性は受益者から受託者に対する債権的請求権である，としている。加えて，(1)に対応して，信託法は，信託財産が受託者の個人財産とは分離独立していることと，受託者個人の債権者による強制執行を禁止することを定めている，と説明している。新井・前掲注(3)42-43頁参照。

[114]　同説の特色は，①信託財産の実質的法主体性の承認（信託財産の独立性の強調），②受託者の管理者的性格の承認（受託者の所有者性の否認），③受益権物的権利性の承認（受益権の単なる債権性の否認），の各々にみられる。①は，受託者は自己の固有財産からの弁済義務を免れられる点をとらえ，実質的な債務者は信託財産それ自体であることに論拠をおいている。ただし，

のものへの把握の仕方に起点をおく現代的学説[115]もみられ，これらもまた，契約的把握[116]，あるいは団体的把握[117]への親和性が認められる。

> この法主体性は，法人格とは異なり，管理権と財産名義を有する受託者が存在しているため，二重性の上に成り立っている。②については，債権説のいう受託者の完全権を否定し，受託者は特定の財産権に対する物的管理権，および委託者との間で処分権が競合することのない排他的管理権，を有するものと説明される。また③については，受益権を，信託財産（外形的には受託者）に対する債権であると同時に，信託財産に対する物的権利としての性質を併せ持つ，特殊な二面的権利ととらえている。この物的権利については，不可抗力による信託財産の滅失・毀損の危険は受益者が負担すること，また物上代位規定の存在により信託財産の物理的変動がそのまま受益権内容の変動につながること，に論拠をおいている。新井・前掲注(3)45-49頁参照。

[115] その代表的なものとして，1つには，信託制度そのものに着目し，①信託法を民法・商法と一体して私法体系に位置付けようとする。したがって信託・委任・会社の各々は連続性のある一連の制度と考える説（(道垣内弘人『信託法理と私法体系』（有斐閣，1996年）参照），②信託を民事信託（財産の存在と委託者の意思が本質）と商事信託（商事性を有するアレンジメントとマーケットの意思が本質）の2つに分類する説（神田・前掲注(76)参照），さらには③信託と契約を区別し，信認関係の特殊性を信託の本質ととらえる説（樋口範雄『フィデュシャリー［信認］の時代』（有斐閣，1999年）参照），の各々がある。また，もう1つは，信託を3つの発展的段階モデルにとらえ直すものである（能見・前掲注(82)参照）。すなわち，(1)財産を処分する委託者の意思が重視される財産処分モデル，(2)委託者と受託者が交渉して信託目的・財産の管理処分方法を合意する契約モデル，(3)会社よりは当事者のイニシアティブによる自由設計が効くが，機能的には法人設立に近い制度モデル，の各々である。このうち(3)では，委託者・受託者の意思は客観化・制度化されるものと説明されている。新井・前掲注(3)53-58頁参照。

[116] 上述・注(115)の能見説の契約モデルが契約との関連性を説明する一方，樋口説は，契約との相違点を指摘する点で，米国における契約的把握の議論と類似している。

[117] 上述・注(115)の能見説の制度モデル，および道垣内説における信託・会社の連続性がこれに相当する。また，神田説のいう商事信託の本質も，営利目的性とその実現のための"器"として信託をみている点では，団体的把握に接近するであろう。

また，一定目的のための独立した財産が存在し，その財産の管理運営がなされるという商事信託の特徴をとらえて，権利能力なき財団に接近させる把握の仕方もある。権利能力なき財団は法人格を取得していないが，財産の管理運営に関する規則が寄附行為等によって定められ，またこのための任務にあたる理事が存在する点は，財団法人と共通する[118][119]。この特徴は，米国スタチュートリ・トラストとも類似している。スタチュートリ・トラストでは，内部関係上は，多数決による意思決定や受益者による参画方法が統括文書によって定められる一方，対外的には，永続性を有して，債権債務関係および訴訟上の主体となっている。

これに類する学説として，訴訟の当事者能力についての判例[120]の見解を

---

(118) 松尾弘『民法の体系——市民法の基礎——（第3版）』（慶應義塾大学出版会，2003年）106頁参照。権利能力なき財団とは，個人財産から明確に分離された財産が，独立した財産として管理・運営され，その管理・運営のための組織が存在するが，法人格のない財団とするのが，判例による説明である（最一小判昭44・11・4民集23巻11号1951頁）。また，権利能力なき社団についても，総会運営・代表・財産管理の方法，その他団体の組織に関する主要な点が確定し，多数決の原則が行われ，構成員の変更にもかかわらず団体そのものが存続するが，法人格のない団体と判例上，説明されている（最一小判昭39・10・15民集18巻8号1671頁）。

(119) 社団とは，一定目的のため"人"が結合される。よって，財産出資者は社員として，社員総会を通じて財産運営に参加できる。この点が，財団と異なる。また，財産の運用目的を変更する必要が生じたときは，社団であれば社員総会でこれを変更できるが，財団では，寄附行為に特別な定めがなければ変更できない点も，異なっている。山田卓生・河内宏・安永正昭・松久三四郎『民法Ⅰ総則（第2版）』（有斐閣，1995年）63頁参照。

(120) 最一小判昭39・10・15民集18巻8号1671頁。争点とされた賃借権の帰属について，権利能力なき社団においては，一々すべての構成員の氏名を列挙して登記できない結果として，代表者名義をもって登記しているわけであるから，その構成員の総有として，賃借権は当該社団に帰属するとしている。また，権利能力なき社団の財産は，実質的には団体自体に帰属しているが，法人格を欠く結果，代表者を受託者とする信託関係が構成されるとする考え方と，社団に権利主体性を認めて社団の単独所有であるとするが，登記・登録の実務上から法人と同一の処理ができないとする考え方があるが，代表者

177

第Ⅱ部　商事信託組織論

論拠に，権利能力なき財団を信託に接近させた論考[121]がある。ここでは，両者の接点を，財産の形式的帰属者と実質的帰属者の二重性に求めている。判例では，権利能力なき財団の目的財産は，実質的には財団に帰属しており，その管理者は信託法上の受託者あるいは信託的所有者である，としている。この点をとらえると，例えば受益権がみなし有価証券化している信託は，権利能力なき財団と共通性が高く，共に団体性あるいは法主体性をもつ存在と考えられる[122]。

　以下では，まず契約的把握，団体的把握の各々の見地に立ったときの委託者の地位と監督権限について整理する。その上で，これらの中間的存在として，権利能力なき財団類似として信託をとらえたときの，委託者の地位について考察していく。

第2節　契約的把握と団体的把握における委託者の地位

(1) 契約的把握と委託者の役割

　委託者と受託者による信託設定の合意を，契約としてとらえる意義は，当事者双方の履行に責任をもたせることにある。委託者は，財産を拠出する責務をもつ[123]一方，受託者は，信託行為に定められた目的と方法にしたがっ

　　個人の債権者の強制執行を阻止することが重要であるため，社団自身が権利主体であるという実質を貫こうとする見解が有力である。江頭憲治郎「企業の法人格」『現代企業法講座第2巻　企業組織』（東京大学出版会，1985年）61-64頁参照。
(121)　小野傑「信託実務の課題」『信託法制の展望』（日本評論社，2011年）523頁参照。
(122)　小野・前掲注(122)528頁参照。
(123)　新法163条8号は，委託者が破産手続開始等の決定をうけた場合，委託者と受託者の間に，双方未履行双務契約の解除規定（破産法53条）が適用されれば，信託契約が解除されて信託終了となることを定める。この場合の委託者の債務としては，追加的な信託財産拠出や信託財産の引渡しなどが挙げられる。

た信託財産の管理処分の責務をもつ[124]。この当事者関係において，委託者はその意思を反映して，信託目的を定め，受託者の合意によって信託が成立する。

しかし，上述した議論のとおり，信託の運営が開始した後は，受託者の履行によって利益をうける存在は受益者であるとの認識から，信託目的は委託者個人に属するものではなく，共通の規範化される[125]と考えられた。委託者が契約当事者であっても，それにはかかわらず，委託者と信託目的を分離してとらえるのである。この考え方を容れると，信託目的は委託者個人の意思とのみつながるものではないため，信託全体における委託者自身の地位の重要性が後退する，との論理にもつながってくる。

だが，かかる前提に立っても，委託者の機能は軽視されるべきではないであろう。例えば，商事信託においては，受託者は金融機関などである一方，受益者は一般個人投資家という構成は多い。このとき，受託者と受益者の情報力格差は歴然としており，受託者の管理処分行為の適切性を，受託者以上の判断能力をもって検証することは，受益者にとって，事実上不可能である。これに対して，受託者と対等な組織である委託者は，受益者を補完する能力を有する。つまり，受託者に対して，受益者保護を図る役割を担えるのであ

---

(124) 新法では，まず26条で，受託者の権限範囲は「信託の目的のために必要な行為」とし，かつ「信託行為によって，その権限に制限を加えることを妨げない」としている。また29条では，受託者は「信託の本旨に従い」事務処理をすべきとの善管注意義務規定がおかれる。この意味するところは，受託者は単に信託行為の定めに従えばよいのではなく，信託行為の定めの背後にある，委託者の意図すべきであった目的に適合するように信託事務を処理しなければならないことである。受託者の行為基準は，第一義的には信託行為の定めに求められるべきであるが，信託行為が必ずしも，あらゆる場合について詳細な指針を示しているわけではないからである。鈴木＝大串・前掲注(13)117頁参照。

(125) 上記注(115)でふれた能見説の制度モデル（委託者・受託者の意思は制度化される），あるいは星野説のいう信託の目的拘束性（信託関係当事者の権利ないし利益は，所有権の完全性と異なる次元で，信託目的によって規制される）などに，信託目的の共通規範化の法理はみられる。

第Ⅱ部　商事信託組織論

る。

　また，委託者にどれだけの監督権限を与えるのかということは，裏返して，受益者の監督権限に関する新法の法理につながってくる。旧法のもとでは，受益者のほか，委託者も受託者に対する監督権限を保持することが原則であったから，委託者の監督権限と比べて，受益者の監督権限については，当該受益者個人の利益のために行使されるとも考える余地があった[126]。しかし，新法では，委託者の監督権限を大幅に制限しているため，委託者が事実上担ってきた，信託目的の達成のためにする受託者に対する監督権限を，受益者に肩代わりさせているといえよう[127]。このため，受益者の権限は，受益者自身の個人的利益の保護のためのものであるか，それとも信託目的達成のための共益的なものであるか，解釈が分かれることになる[128]。

　だが，受益者のために信託財産が管理運用される段階に入ってからも，委託者は無関係な立場におかれたとは断言できない。商事信託では，受益権を優先・劣後構造に分けて，委託者が劣後部分を保有している仕組み[129]もあるし，一定の条件で買い戻し義務を負う契約もある。また，その後に問題が生じれば，委託者の作りあげた信託への市場評価は下がり，以降の資金調達にとっての影響は避けられなくなる。この観点からは，信託が継続する限りは，委託者にとって受託者への監督は欠かせない要素なのである。

---

(126)　星野・前掲注(4)147頁。

(127)　星野・前掲注(4)148頁。

(128)　このことに派生して，受益者が監督権限を適切に行使しなかった結果，信託財産の目的達成が困難になったり，他の受益者ないし第三者に損害を与える結果となった場合には，当該受益者は，受託者と共に，あるいは受託者とは別に，損害賠償責任が生じると考えるべきかとの問題が浮上してくる。星野・前掲注(4)148頁。

(129)　資産流動化スキームで，信託が用いられる場合の倒産予防措置，すなわち，破産手続においてカバーしきれない債務超過に陥ることを想定して，受益権を優先受益権と劣後受益権に区分し，オリジネータである委託者には，劣後部分を保有させて，一般投資家には優先部分を取得させるものである。井上・前掲注(57)123頁参照。

(2) 団体的把握と委託者の役割

　資産流動化など，多数受益者が存在する商事信託スキームは，米国においては，ビジネストラストの一適用形態であるが，これらの多くは，20世紀終盤から，スタチュートリ・トラストへ発展していった。これは，信託財産を責任主体とし，州政府によって法人格を承認された存在である。

　一方，わが国の商事信託スキームは，法人格を付与されていないが，多数受益者と受託者の関係を規律するために，集団自治の発想が取り込まれている。これは，上述した受益者集会や持分比率による受託者監督権の制限である。このような規制は，米国ビジネストラスト法理にもみられるものであり(130)，団体的把握をとる際の1つの特徴といえよう。団体的把握においては，信託目的は委託者との属人的つながりから離れ，団体の当事者にとっての共通規範化してくる。

　この団体的把握において想定されているのは，多数株主によって構成される株式会社であろう。米国のビジネストラスト制定法でも，わが国の新法でも，資本市場を通して投資家から幅広く資金調達を行うためのビークルを前提とした条項が多くみられる。例えば，受益者集会は，新法における1つの特徴的な機関である。ここでは多数決意思決定が原則とされ，これに対応した反対受益者保護として，受益権買取請求権が法定されている。しかし，反対する受益者はキャッシュアウトすればよいとの発想は，組織運営にデッドロック状態を生じさせない目的には合致しても，受益者に利益を享受させようとする信託目的とは整合しない。多数受益者の意見が分かれる場合でも，単純に過半数得票の意見を採択できないことが，信託の本質ではないだろうか。

　受益者間で意見相違が生じたときに，多数意見・少数意見にかかわらず，

---

(130) 米国信託の基本法理においても，複数受託者による意思決定は満場一致が原則であるが，例えば統一スタチュートリ・トラスト法では，受託者らは会議あるいは投票がなくとも，全受託者の意見が表明・反映されるに等しい状況が確保されることを前提にして，過半数決定を許容している。Uniform Statutory Trust Entity Act, §503(2) (2009).

いずれが信託目的に合致しているか判断できる存在が委託者である。しかし，あらゆる事案について委託者に最終判断の権限を持たせることは，商事信託をはじめとした法理に反するため，特定の権限だけを付与する考え方が妥当であろう。具体的には，株式会社における種類株式に相当する議決権を委託者に付与することである。すなわち，多数受益者を普通株主，委託者を種類株主に見立てる。委託者には，通常の決議への参画権限は与えないが，信託目的に鑑みて必要な特定の決議についてのみ，当該委託者の決議を要する権限[131]を与えておくのである。

なお，事業体を組成する側，つまり委託者の視点からすると，株式会社の株主とは法的性格の異なる出資者として受益者を位置付けることが，自らと投資家の権限配分の観点からは有効といえよう。この点からすると，信託受益権に近い性格をもつもの[132]として，合同会社[133]の出資持分権も考えら

---

(131) 会社法108条1項8号および323条には，いわゆる拒否権付種類株式の定めがある。これは，定款記載内容に従って問題となる事項については，株主総会等の決議に加えて，その種類株式の種類株主を構成員とする種類株主総会の決議を必要とするものである。これを信託関係にあてはめると，多数受益者が普通株主，委託者が当該種類株主となる。受益権の内容は，信託行為によって任意に定められるので，あらかじめ，委託者が保有し続けるには種類株式に対応する権限のみを付与し，その他の受益権と区別しておけばよい。

(132) 合同会社を含む，持分会社の法律関係は，会社と社員間および社員相互間の内部関係の規律については，原則として，定款自治が認められてその設計が自由である。神田秀樹『会社法（第十版）』（弘文堂，2008年）275頁参照。この点は，米国のスタチュートリ・トラストが，外部関係には法定されたルールを用いる一方で，内部関係については当事者間契約を基礎としていることと類似しており，信託とりわけビジネストラストと，LLCの共通項と位置付けられる。

(133) 合同会社は，法人格を有し，株式会社との間で相互に組織変更ができる（会社法743条以下）一方で，社員は，定款に別段の定めがある場合を除き，持分会社の業務を執行する（同590条）。このように，所有と経営の一致原則があることから，株主総会・取締役会といった機関が基礎になる株式会社とは法的性質を異にし，むしろ後者の観点からは，ビジネストラストに接近するといえる。但し，社員の持分譲渡には，他の社員全員の承諾を要する（同

れるが，合同会社は少人数構成が基本であるため，市場を通じた大規模資金調達を伴う事業体には適当な形態とはいえないであろう。

第3節　権利能力なき財団的把握における委託者の地位

　前項では，契約的把握と団体的把握の各々における委託者の役割を考察した。本来的な意味での団体とは，米国のスタチュートリ・トラストに例示されるように，法人格を有し，責任主体と訴訟主体が信託であることが明確となる一方で，受託者の責任が限定されるものである。しかし，わが国の信託法は，信託財産に法人格を承認しているわけではない。よって，契約的把握と団体的把握の要素が融合されたモデルを，信託に対する第3の把握方法として考慮すべきと考える。先にふれた信託の基本構造に対する現代的学説の中でも，能見教授は，財産処分モデル・契約モデル・制度モデルの3つを示した上で，信託制度はこれらすべてを包含する（どれをも可能とする）柔軟な制度である[134]と説明する。本稿の把握は，同教授のモデル段階とは異なるが，以下，この中間的なモデルと，それを前提とした委託者の役割について考察する。

(1) 中間的モデルとしての権利能力なき財団

　権利能力なき社団と異なり，財団とは，ある目的のために財産が拠出されて設立される団体であるから，"人"ではなく財産の存在が主要件となる。つまり，実質的には財産が権利の主体といえるが，形式的には，代表者が信託的所有者であると解されている[135]。たしかに，財産の管理運営のために

　　585条1項）ことなど，少人数出資者を前提とした規律がおかれている点は，ビジネストラストとも相違している。相澤哲・葉玉匡美・郡谷大輔編『論点解説新・会社法』（商事法務，2006年）560-62頁参照。
(134)　能見・前掲注(82)10頁。
(135)　河内宏『権利能力なき社団・財団の判例総合解説』（信山社，2004年）152頁参照。

第Ⅱ部　商事信託組織論

機関として"人"が必要とされる点では団体であるが，ある目的のために財産を核とおき，"人"はそのための機関とされる財団は，社団よりも信託類似モデルとして，より適格であるといえる。

　先に，本章第1節で，信託は法的には団体を観念していないものの，実際には団体性あるものも存在し，その信託の受益権はみなし有価証券ととらえられるとの説を取り上げた。この論拠として，財団の目的財産は，代表機関名義の法形式をとりつつも別個独立しており，財団に実質的に帰属することをあげている。そして，財団における財産の管理者は，信託法上の受託者あるいは信託的所有者としている。この議論は，権利能力なき財団の訴訟主体性に着目したものであるが，これに加えて，信託目的と財団の目的との接近性を確認する。

　財団法人は，社団法人と異なり，その目的自体の変更は限定的にとらえられている[136]。この点については，権利能力なき財団に関しても，財産が一定の目的のために拠出されて，その目的に従って管理されるという実質からすれば，同様の見方ができよう。一方，信託についても，条文に照らせば，信託目的とは信託財産の管理処分の方法を定めるものであるから，本質的には変更を許すものではない。むしろ，信託目的の達成が困難になれば，信託そのものの終了事由とされるはずである。このことはまた，信託の変更について新法149条・150条が求める手続[137]からも分かる。かかる観点から，

---

(136)　社団は，社員総会によって，定款記載事項の1つである目的を変更できることができる（一般社団法人及び一般財団法人に関する法律第11条，35条，146条参照）が，財団は，定款であらかじめ定めておかない限りは，目的を評議員会によって変更することはできない（同法第153条，178条，200条参照）。

(137)　新法149条は，まず1項において，信託の変更は原則として委託者を含めた関係当事者の合意によってできることとし，2項1号で，委託者を含まずに変更できるのは信託目的に反しないことが明らかであるときに限定している。また，150条は，信託設定後の事情変更等にもかかわらず，当事者の同意が得られない等で149条による自主的な変更ができない場合には，裁判所に申立てを行う流れとなることが定められている。つまり，信託の変更については，信託目的あるいは裁判所の判断といった歯止めがかけられており，受

信託目的と財団の目的には，同質性が認められるといえよう。
　このように，訴訟主体性および目的の恒久性の観点で，権利能力なき財団には信託との合致が確認できることから，信託の把握モデルととらえることも相当である。そこで次には，財団的把握における委託者の地位と役割について，考察していく。

(2) 財団の当事者と比較した委託者の役割

　財団における当事者は，財団の運営管理にあたる理事であり，財産拠出者は直接的な当事者関係にはおかれない。なぜなら，構成員の集合体としての社団と異なり，財団では拠出財産がその中核におかれるからである。このため，財産自体ができない種々の法律行為を，理事をはじめとした管理者が代行していると把握できる。これは，先にみた信託財産実質法主体性説に即した見方である。つまり，財産を主体とした独立実体（entity）が構成され，委託者・受託者・受益者はその機関として位置付けられるものと発想するのである。このentityとは，一種の擬制法人であり，権利能力なき財団と同質である。それを発展させたものが米国のスタチュートリ・トラストであり，これは法人格を付与されており，むしろ財団法人に対応するものといえよう。
　かかる構成を採ると，委託者は，受託者・受益者と同じくentityの一機関とされる。信託財産の法主体性を観念しない債権説の見地からすれば，受託者に対して請求権をもつ受益者と，請求権のない委託者の間には，権限の差異を明確化すべきとの主張があるかもしれない。しかし，各信託当事者を，信託財産の機関であると解釈するときには，相互牽制と相互補完の観点から，委託者に一定の権能を持たせることが妥当とされるのである。
　一般的に，信託における受託者の監督については，受託者相互の自己発見に委ねることと，受益者による適法性判断に期待する二面がある。これに付加されるべき委託者の役割は，受託者および受益者の双方から独立して，受託者の行為の適法性あるいは妥当性をチェックし，それを受益者に報告して

　　　託者・受益者間による簡易な変更を防いでいる。

やることである。これは，財団でいえば，監事の機能に相当するものである。監事や監査役は，理事あるいは取締役の業務執行を監督する職責のため，法理上も独立性を与えられているが，委託者の立場もこれと同様で，受託者と受益者の直接交渉関係から離れたところに位置付ける。

　信託の財団的把握は，一見すると，団体的把握に類似している。しかし，団体的把握は，委託者・受託者の契約関係に受益者を加えて立体的にとらえているため，社団と同様に"人"を核ととらえている。これに対して，財団的把握は"財産"が核となり，それを管理運営するための機関として，"人"である受託者や受益者・委託者が加えられていく点が異なっている。この相違が，各々において，委託者に求められる役割にも投影されてくるのである。

第5章　商事信託の基本構造

　前章までで，信託目的と委託者の属人的なつながりがないと仮定してもなお，委託者の地位は重視されるべきであることを述べた。そして，信託に対する契約的把握・団体的把握の別により，信託目的の共通規範性への解釈は変わるが，そのことにかかわらず，委託者の地位の重要性は認められることを主張した。本章では，この考察の妥当性を検証するため，新法，とりわけ商事信託についての代表的な法理との整合性を確認する。具体的には，受益者保護と，受託者信認義務の緩和の両者を実現するために，委託者による監督権限が機能することを説明する。信託成立後は，受託者と受益者の関係を中心とする商事信託法理と，両者との利害関係がない独立した立場の委託者を機能させることは，両立するものといえるのである。

第1節　新法の問題意識との整合性

(1)　受益者保護
　商事信託スキームでは，当事者関係に投資家たる不特定多数の受益者が存在することが1つの特徴である。信託受益権の小口化を図るほど，必然的に一般投資家が増えていくが，往々にして，これらの投資家は，受託者の行なう信託事務処理の適否，あるいは作成された計算書類の精査といったチェック能力を有していない。信託条項の変更やその他の重要事項[138]について，かかる受益者一人ひとりが承諾を求められても，適切な検討に基づき判断を下しているか，疑問なケースも多いと思われる。ちなみに，米国のビジネストラスト形式で運営される投資会社[139]において，信託事務の遂行における

---
　(138)　例として，受託者の解任選任・信託の併合などがあげられる。
　(139)　銀行や証券会社が設立主体（スポンサー）となり，投資家の資産運用対

第Ⅱ部　商事信託組織論

　受託者の信認義務を免除・軽減させるためには，受益者が sophisticated されていること[140]が要件とされているが，これを充足する受益者が全体の過半を占める信託も少ないであろう。

　かかる状況ではむしろ，信託条項を設定した委託者が承諾を与えていく方が，適当とも考えられる。受益者が利益を享受し，かつ経営への参画機会を持つことへの適否は，株式会社の株主との法的な位置付けの違いからも検討できる。株主は出資者であり，経営を取締役に委任する立場である。このため，株主総会という機関が法定され，その機関の構成員として会社の支配に参加している[141]。これに対して，信託における受益者は，財産拠出者ではなく，委託者の意図に基づいて，利益を享受している存在である[142]。この受益者に関して，どこまで信託運営への参画権限を与えることが，純粋な受益者保護の目的に合致するであろうか。

　この問題は，わが国では，特に受益者が多数におよぶ商事信託に関連が深いが，受益権の法的性格をどうとらえるかに依ってくる。受益権が細分化さ

象となる MMF（マネー・ミューチュアル・ファンド）が，株式会社あるいはビジネストラストとして提供されるときの形態が，投資会社とされている。意思決定機関として，取締役会あるいは Board of Trustees が設定されるが，実際の資産運用と財産管理その他事務などの業務執行は，外部の投資顧問業者・カストディ・アドミニストレータ等に委託される。米国における投資会社は，1920 年の Overseas Security Corporation の設立に始まり，その多くはマサチューセッツ・ビジネストラストとして組成された。これは，当初はビジネストラストが連邦税制上，所得税の課税対象外とされていたことが理由である。Sheldon A.Jones et al., *Massachusetts Business Trust and Registered Investment Companies*,13 Delaware J.C.L.421,446 (1988).

(140)　ここにおける sophisticated の意味は，信認義務の免除・軽減を承諾するデメリットを理解したうえで，そのような承諾を与えるメリットまたは必要性を判断できる能力があることを意味している。久保淳一「金融実務における受託者の義務と責任の多様化」（信託法研究第 26 号（2001））19 頁参照。

(141)　前田重行「株主の企業支配と監督」『現代企業法講座第 3 巻・企業運営』（東京大学出版会，1985 年）178 頁。

(142)　四宮・前掲注(1)307 頁。

れていても，それは信託財産の実質所有権であるとする広義の受益権説[143]に立てば，信託の変更について個々の受益者の同意が必要と解される。一方，受益権とは，信託財産の元本または収益に対する権利のみであるとする狭義の受益権説[144]に立てば，信託目的に従った利益配当請求権がその本質とされ，それ以外の権限には着目されない。この狭義説からすれば，受益者の権限は，信託目的によって画一的に決定されるものであり，個々の受益者の同意表明は必要とされないと解される[145]。

新法では，広義の受益権説の立場から，受益者の広範な監督権限を肯定しているものと考えられるが，実務的に，1人ひとりの受益者の承諾を取り付けていくこと[146]は多大なコストを要するため困難である。よって，その代替手段として，遅滞なく異議を述べなかった受益者は承諾したものとみなすとする方法がとられるが，このような取り扱いは信託条項に基づく合意の効力として有効視できるかが問題となる[147]。

---

[143] 広義の受益権説では，信託財産の管理を要求する権利およびそれらの権利を確保し，信託財産ないし受益者自身の利益を守るための諸権利が，受益権に包摂されるとする。このため，受益者は受託者に対して，監督的権能を持つものとされる。四宮・前掲注(1)311頁。

[144] また，複数受益者は，狭義の受益権について共同所有者の立場にあり，その共同所有の性質が，合有か，解約脱退が禁止されるだけの拘束性をもつか，あるいはもっと緩いものであるか，は信託目的によって決定されるものであるとしている。四宮・前掲注(1)308頁。

[145] 星野・前掲注(27)191頁参照。受益権が細分化されて，投資家に販売される商事信託スキームで，専ら投資リターンが受益者の目的とされる場合などは，この狭義説に適合する。このときの受益者は，無個性化した投資家に近い存在といえよう。

[146] 信託が株式会社と異なる重要な点の1つは，株主総会に対応する機関の存在である。新法106-122条では受益者集会の定めがあるが，受益者集会で決定される事項は信託行為で自由に定めることができるため，定期的に開催する必要性に乏しく，会社法上の定時株主総会に相当するものではないと解される。鈴木＝大串・前掲注(13)325頁参照。

[147] 承諾の取り方は契約上の問題であるが，これは委託者・受託者によって合意された信託条項に沿って，受益者の権限行使はされるべきという信託理

第Ⅱ部　商事信託組織論

　たしかに，受益者が多数におよぶ場合，お互いに疎遠である受益者相互の調整，あるいは受託者の合理的・効率的な信託運営に配慮して，集団自治による論理をあてはめる必要が出てくる。その典型的な手段が，意思決定の過半数ルール，あるいは一定比率以上保有者への一部権利の制限であり，これとセットで反対受益者へは受益権取得請求権（新法 103 条）が用意される。

　しかし，これは株式会社の集団自治としては適切であっても，それとは異なる法形態である信託の本質と合致しているといえるであろうか。たしかに，信託の原則に立ち，受益者全員一致を求めることは，多数受益者を抱える商事信託の円滑な運営に支障をきたす側面が強いとの批判も出るかもしれない。そうであれば，受託者の運営効率と受益者個々の利益が，合理的に折り合う手段を考えるべきであろう。

　ここで，委託者の存在が着目される。受託者・受益者双方の利害から独立した委託者は，公平な見地から表決に参加させることができる。よって，株式会社における種類株主あるいは社団法人における評議員と同様に，意思決定への参画権限を委託者に付与し，信託目的に沿った賛否を表明させて，これを採り入れていくことができる。委託者が参画できる決議事項をどこまでの範囲とするか，また委託者の表決をどの程度優先するかは，信託目的であらかじめ設定することが望ましいであろう。

(2)　受託者の信認義務緩和

　信託を他の法的関係と比較して特徴付けるものとして，受託者による信認義務[148]があげられる。このうち，特に忠実義務に関しては，その任意法規

　　論と整合性がとられなければならない，との問題意識がある。星野・前掲注(27)191 頁参照。

(148)　わが国信託法における，受託者の信認義務の具体的内容としては，善管注意義務（信託法 29 条），利益相反行為と競合行為を回避すべきことを主たる内容とする忠実義務（同 30 条ないし 32 条），公平義務（同 33 条）が主体となっている。これらの内，善管注意義務について，受託者は，委託者および受益者の信認を受けて，信託目的達成のために信託財産を委ねられているのだから，要求される注意義務の基準としては，自己の財産に対するのと同

性が新法において着目すべき点であった。新法が忠実義務を緩和する要件としてあげているのは，受益者の承認を得たとき（31条2項2号および32条2項2号）の他，信託行為による別段の定めがあるとき（31条2項1号および32条2項2号）である。つまり，受益者に承認権限を与えることに加えて，信託行為すなわち契約上に，緩和要件を置くことができることとしている。

ところで，わが国の信託法は，米国と異なり，信託の成立方法として契約そのものをあげている。信託は委託者・受託者の自発的な合意によって成立していること，そして信託法規の大半はデフォルト・ルールであり，当事者自治が法の定めに優先すること，との信託の二大特色は，契約の特色と同様である[149]。しかし一方，信託と契約の相違点として，契約では両当事者の意思が問題となるのに対して，信託では，委託者の意思だけが鍵とされている[150]。

つまり，信託行為とは，委託者の意思の反映であり，それが重視されることは信託の基本法理なのである。たしかに，信託法の条文上，委託者が承認権限者として明記されてはいない。しかし，信託の契約当事者である委託者は，緩和要件をあらかじめ定めることによって，受託者の信認義務の程度をコントロールすることが可能なのである。

一の基準では足りず，より高度な注意義務を負うものと解されている。鈴木＝大串・前掲注(13)118頁。また，米国ビジネストラスト法理における信認義務も，善管注意義務（duty of care），忠実義務（duty of loyalty），公平義務（duty of fair dealing）が中心となっており，やはり善管注意義務に関する慎重人原則（prudent person standard）が要求する水準は，会社法理が取締役に求める水準よりも高いものと解されている。Connolly Bove Lodge & Hutz LLP, Delaware Statutory Trusts Manual, at 22 (2010 ed., LexisNexis,2011).

(149) 樋口範雄「信託と契約」（信託法研究第21号（1997））69頁参照。
(150) 樋口・前掲注(149)69頁参照。もっとも，現代の商事信託では，委託者の意思（すなわち，信託財産の運用や管理）を実現できるレベルの高い受託者が，委託者によって選択される一方で，受託者も自らの業務の要件定義を厳密に定める。その意味では，委託者・受託者双方の合意的側面が強くなっているといえるだろう。

第Ⅱ部　商事信託組織論

第2節　委託者の権限重視への評価

　これら2つの信託の特性，すなわち，委託者の意思の重視と信託行為による信認義務の緩和を併せて考察すると，受託者に対する監督権限を受益者に集中させることの是非が問題となってくる。委託者に監督権限を留保することへの反論の主たるものとして，委託者が何らかの権利を保持しようとするのであれば，信託の撤回権を保持する撤回可能信託とすればよいとするものがある[151]。しかし，商事信託のように大多数の受益者が参加する仕組みにおいて，委託者に撤回権が留保されることこそ，スキームの不安定性を伴うものであり，商事信託の通説でいうマーケットの意思に合致することとは思えない。

　もう1つの反論として，委託者にも権限を認めると，委託者・受益者間の権利調整が複雑になるとするものがある。たしかに，委託者・受益者間の権利調整に関しては，一概に委託者の意思を重視すべきと断定できるものではない。しかし，これは，受益者主体の監督が十分に機能するかどうかの観点，および委託者と受益者の依存関係にもよるものであろう。例えば，商事信託スキームの中でも，受益者がプロである機関投資家主体とされる場合と，一般個人の小口投資家が主体とされる場合では，状況は異なってくる。後者であれば，書面に基づいて受託者の事務処理内容を理解・判断することが容易ではない受益者が，多数におよぶことも想定されるし，逆にそのような管理負担を負いたくないというニーズがあるだろう。このような場合は，プロである委託者の監督能力に，受益者が依存することも十分考えられる。

　しかも，委託者と受益者のどちらが主体的に監督権限を行使するかは，あらかじめ，信託行為に規定され，それを受益者は了承のうえで，当該スキームを投資対象として選択するのである。このようにみれば，委託者と受益者の利害関係の対立は，相当程度，回避できるものと考えられよう。

　米国における近時の商事信託の発展をふまえて，信託の主たる観点を，設

---

(151)　樋口・前掲注(149)79頁参照。

定者（委託者）の意思の尊重と，信託の管理運営における柔軟性・効率性重視の2点であるとした論考[152]があり，これはわが国の商事信託の本質を検討するにおいても参考となる。

委託者の意思と信託の柔軟性という2つの概念は，相互に関連している。受益者の配当や決議参加など信託の管理運営において，一定の受益者に限ることなど効率性を追求しようとするときには，設定者の定めた目的の範囲内であるかが問われる。つまり，委託者の意思がメルクマールとして作用している。例えば信託の構造上，受益権を複層化して，権限行使や利益配当のレベルに差異をつけることもできる[153]が，これも委託者があらかじめ信託行為に定めた内容に従うものである。

さらに，受託者の信認義務が柔軟に調節されることも，委託者の意思の尊重と関連する。それは，商事信託が幅広く用いられる金融取引において，受託者となるのが金融機関であることに理由がある。つまり，金融機関にとっては，伝統的に受託者の信認義務とされているものを，そのまま負担することはリスキーである[154]から，個々の取引の信託目的とのバランスにおいて，引き受けられる信認義務のレベルが決定されるのである。この意味からすると，商事信託は，委託者と受託者（金融機関）との間の一種の取引（deal）

---

(152) 久保・前掲注(140) 3頁以下参照。なお，ここでは，委託者あるいは受託者倒産時の受益者保護（いわゆる倒産隔離性）は，信託特有の効果ではないとしている。その論拠として，特定目的会社のように，特定資産のみを保有し，あらかじめ定めた債務以外の負担を一切禁止すれば，信託と同様の倒産隔離効果は得られることをあげている。

(153) ある事業自体を証券化の対象ととらえて信託スキームを適用する方法において，配当や償還についての優先受益権を投資家に売却する一方，劣後受益権はオリジネータが保有することが典型的な例である。井上・前掲注(57) 242頁参照。ただし，株式会社における種類株式のような詳細規定は，信託法にはおかれておらず，委託者・受託者間による信託行為に詳細は定めることになる。

(154) これは，特に忠実義務違反は，主張されやすく抗弁しにくいものであるから，通常取引に比べて訴訟にさらされるリスクが高いことを指している。久保・前掲注(140) 27頁参照。

第Ⅱ部　商事信託組織論

とも解することができよう[155]。

　市場を介して投資家から資金調達をすることが基本となる組織は、受益権の市場価値が変動するため、受益者保護の強化が必要とされる。これについて、米国スタチュートリ・トラストのように州政府によって法主体性が付与された存在であれば、組織法規によって定められたルールによる監督機能が作用する。つまり、投資家にとっての一種の安全弁としての機能を、州政府の監督下に求めるのだが、このことは、米国のビジネストラスト法における組織法理の側面である。

　ただし、監督機能には本来、事前措置（ex ante）と事後措置（ex post）がある。上述の市場や監督官庁からの規律は事後措置に相当するものであり、事前措置が併せて求められる。これに対応するのは、出資証券の追加発行に対する監督や承認ルールであるが、こうしたルールは任意の必要性に対応して強弱をつけられること、つまり、当事者契約が優先するデフォルト・ルール化が好ましい。

　投資家による意思決定への参画機会が限定的な組織[156]のガバナンス機能を高めるには、組織法としての枠組みによって監督権限の強化を図ることだけではなく、契約法理による柔軟なルール設定が必要である。このルール設定は、信託組織であれば委託者によってなされる。委託者は、常に市場からの評価にさらされており、これによって先々の資金調達の容易性も左右されてくる。かかる動機付けによって、ルール設定の精度が確保されるのである。

　このように、信託型組織におけるガバナンス機能には2つの側面がある。その1つは、組織法理に立脚した受益者から受託者への牽制体制である。こ

---

(155) ラングバイン教授の契約説によれば、信認義務の目的とは、広い裁量権限を持つ受託者に対して、委託者との取引（deal）を行なうための目的・基準を定めるためのものと解される。受託者の権限や裁量の度合いは信託によって異なるものだから、それに応じて信認義務の拡大・制限・変更を容易にする必要があり、これを定めるのは委託者の役割である。John H.Langbein, *The Contractarian Basis of the Law of Trusts*, 105 Yale L.J.625, 660 (1995).

(156) 金融金融審議会「投資信託・投資法人法制の見直しに関するワーキング・グループ中間論点整理」（2012年7月）8頁以下、参照。

れには，承認機関としての受益者集会や，受託者に対する差止め請求権などがあげられる。またもう1つは，契約法理に基づき，委託者によって定められる信託目的，およびそのための詳細ルールである。信託型組織においては，信託本来の特性である信認義務と結びつく契約法理による規範が，ガバナンス機能として重視されるといえよう。

第3節　結　語

(1) 商事信託への把握モデルと委託者

　本稿前半の考察により，信託目的は，それを設定した委託者個人に属し続けるものではなく，信託当事者にとっての共通規範化していく側面が強いことが分かった。特に，関係当事者の能力以上に，信託財産の生み出すキャッシュフローなどの価値に大きく依存する商事信託スキームでは，この要素が強い。このため，商事信託法理にあっては，委託者の意思への重要性が後退している。

　しかし，信託当事者関係における委託者の地位を積極的にとらえるか否かは，また別の議論が必要であり，これは信託をどのように把握するかに関連する。わが国の学説上も，信託を契約モデルの1つとみる以外に，法人に接近した制度としてとらえる見方や，財産を主体にしつつ団体性を有する財団類似とみる見解などがある。信託に対して，このいずれの把握をとっても，委託者の監督権能が重要であることを，本稿後半では説明している。

　信託を，受益者という第三者に利益を与えるための契約ととらえたとき，受託者と比べて情報力格差の著しい受益者は，十分な監督機能を発揮することが困難であり，委託者による補完が必要である。一方，信託を団体的に把握し，多数受益者を株主に相対させてとらえた場合，多数決の法理が支配的となり，反対受益者がキャッシュアウトされるおそれがある。これは，団体法理とは異なる信託の本質からすると，安易に採られるべき手段とはいえず，特定事項の意思決定に限り，委託者に決議権限を付与する発想がとれる。委託者は，多数受益者の一部の者と，利害が一致することは基本的にないため，

受益者保護を欠くおそれがないのである。

　また，権利能力なき財団モデルによる把握では，信託を財産主体のentityととらえ，各信託当事者はその機関とされる。この場合の委託者の役割は，財団における監事に近い。監事は，独立した立場が確保されたうえで，理事の業務執行を監督するのが役割である。委託者は，信託から直接的な利益を受けない立場で，受託者の管理運営を監督する観点で相応している。受託者の権限濫用を抑制する手段は，一義的には信認義務であるが，併せて組織的なチェック機能が求められる。委託者が，計算書類を精査し，信託財産の価値を評価する能力を有していれば，受託者と受益者の間に立ち，適切な牽制機能を果たせるだろう。

　なお，この委託者重視の発想の妥当性を検証するため，新法の中心的な問題意識である，受益者保護と受託者の信認義務緩和との平仄を考察した。受益者保護に関して，特に商事信託では，多数受益者を抱えるため，集団自治の論理により，受益者の少数意見が排除されるおそれがある。委託者は，独立した立場から公平な意見表明をし，少数受益者を保護する役割を担うことができる。また，受託者と受益者の間に，情報力格差が顕著である場合などに，これを補う役割も委託者には期待できる。

　他方，受託者の信認義務の緩和については，信託行為によって条件定義されるものであるから，そもそも受益者が是非を判断する機会は乏しい。これは，信託契約を設定する段階で，受託者と対等な交渉力を有する委託者に委ねられる，一種の取引と考えられよう。

　商事信託には，多様な信託財産と投資家層が考えられる。この主役となるのは，受託者と受益者であろうが，円滑に信託が運営され続けるために委託者の果たすべき役割も大きい。これは，信託設定者として，自らの意思を強制することではなく，独立した助言者・監督者との立場によって実現されるものと考えれば，既存の信託法理から逸脱するものではないであろう。

(2) 基本構造への把握論

　最後に，上述の把握モデルにより，ある商事信託を組織であるとみなす理

論についてふれたい。把握モデルは，団体的把握と財団的把握に区分された。いずれについても，信託当事者関係を，受託者対受益者，あるいは受託者対委託者の単一的にとらえることなく，三者による立体的関係ととらえているが，信託財産をその中核におくか否かによって，把握モデルが分かれるものであった。

団体的把握モデルでは，信託財産を支配するのは受託者であり，受益者は受託者に対して請求権を有するとし，英米のエクイティ理論に立脚していると解される。つまり，信託の中核にあるのは受託者であり，委託者は信託運営においては存在しなくても支障はない。しかし，どのような組織においても，執行者に対する監督と牽制は必要であり，受益者とは異なる立場からその役割を求めるものである。このモデルは，委託者・受託者・受益者の三極が，相互に管理運営・請求・監督の関係を構成している。かかる把握論を，社団構成説と称したい。

他方，財団的把握モデルでは，信託財産自体が中核となり，受託者を含めた三当事者は，等しく財産に対する機関と位置付けられた。ここでの委託者は，受託者・受益者から独立した監査機能を担い，受託者の行為の妥当性をチェックして受益者に報告することが期待される。この関係把握論については，財団構成説と称する。

米国ビジネストラストにおける組織たる規準として，外形的要素としての会社代替規準と，内部関係に係る当事者機関化規準の2つをあげた。上述の商事信託についての構成説は，いずれも委託者による監督機能を重視したもので，特に財団構成説については，ビジネストラストにおける当事者機関化規準との関連性が高い。

他方，ビジネストラストの会社代替規準については，わが国商事信託を規整する信託法において，受益者の有限責任性が規定されるほか，受益証券発行信託に関する特例によって受益権の自由譲渡性も確保されている。しかし，永続性を認める条文はみられず[157]，この点ではビジネストラスト，さらに

---

(157) 新法で期間について言及する条文としては，いわゆる受益者連続型信託において，信託がなされた時から30年を経過した後には有効に受益権を取得

はスタチュートリ・トラストとの法的同質性を認めてよいか疑問である。わが国で永続性を含めて上述の規準を充たす組織としては，不動産投資法人[158]などが例示されるが，これは信託法による規整の対象からは外れている[159]。

　商事信託に完全な組織性を具備することを，信託法にどこまで求めるのかは立法論としての議論であるが，商事信託が広く事業運営に活用されていくなかで，これに関わる当事者関係を組織的枠組みでとらえる視点は必要であろう。本書は，米国ビジネストラストを参照し，きわめて基礎的な考察をおこなったものに過ぎないが，今後，会社法制における監査役機能と委託者の比較研究などを深め，より精緻な議論の展開を目指していきたい。

　　　できないとの規定（91条），受益者の定めのない信託の存続期間を20年以内とする規定（259条），また限定責任信託の帳簿等の保存期間を10年とする規定（222条）などがあるが，いずれも永続的なものではない。
(158)　これは米国ではREIT（Real Estate Investment Trust）であり，内国歳入法（Internal Revenue Code）856条に定められた要件をみたす会社・信託・組合をいう。1960年の創設から1976年の税制改正までは，信託または組合の形態のみであった。しかし，その後，州会社法に基づく株式会社もREITとして登録できるようになり，現在に至っている。また，1986年の税制改正までは，わが国と同様に，外部の会社に資産運用を委託する必要があったが，その後はREIT自体が従業員を雇用して，自ら不動産の管理運用をおこなう内部運用型が主流となってきた。この点は，内部運用型が認められていないわが国・投信法と対比される。新家寛・上野元『REITのすべて』（民事法研究会，2012年）4頁参照。
(159)　2008年のリーマンショック当時，上場不動産投資法人の出資証券追加発行と，これに伴う上場証券価格の大幅下落が問題となった。投資法人が，その発行する投資口を引き受ける者を募集しようとするときは，執行役員はその都度，募集投資口数などの事項を定めて役員会の承認を受ける（投信法82条1項）。この手続フローは，株式会社と同様ではあるが，役員会の構成員数がきわめて少ないことや，株式会社における「有利発行価額の場合には株主総会で説明を行う（会社法199条3項）」規定に相当するしばりがないことなどからは，簡略化されているともいえよう。

主要参照文献

外国文献

A.I.Ogus, *The Trust as Governance Structure*, 36 U. Toronto L.J. 186 (1986).

Brett H. McDonnell, *Two Cheers for Corporate Law Federalism*, 30 J.Corp.L.100 (2004).

Christopher Paul Suari, *The Efficient Capital Market Hypothesis : Economic Theory and the Regulation of the Securities Industry*, 29 Stan.L.Rev. 1031 (1977).

Connolly Bove Lodge & Hutz LLP, Delaware Statutory Trusts Manual (2010 ed., LexisNexis, 2011).

Dudlet J.Godfrey & Joseph M.Bernstein, *The Real Estate Investment Trust - Past, Present and Future*, 1962 Wis.L.Rev.637 (1962).

Edward H.Warren, *Safeguarding the Creditors of Corporations*, 36 Harv.L.Rev.509 (1922).

George T. Bogert, Trusts (6th ed., West, 1987).

H.A.J.Ford & W.A.Lee, Principle of the Law of Trusts (2nd ed., Laws Book 1990).

Henry Hansmann, Ugo Mattei, *The Function of Trust Law : A Comparative Legal and Economic Analysis*, 73 N.Y.U.L.Rev 434 (1998).

Henry Hansmann & Reinier Kraakman, *The Essential Role of Organizational Law*, 110 Yale.L.J. 387 (2000).

Henry Hansmann & Richard Squire, *Legal Entities, Asset Partitioning, and The Evolution of Organizations*, NBER conference paper (2002).

Hilderbrand, *The Massachusetts Trust*, 1 Texas L.Rev. 127 (1923).

Hill Jr., *Business Trust: Liability of Shareholders: How Far May Corporate Advantages Be Acquired by Business Trusts?*, 18 Cal.L.Rev.62 (1929).

John H.Langbein, *The Contractarian Basis of the Law of Trusts*, 105 Yale L.J.625 (1995).

John H.Langbein, *The Secret Life of the Trust: The Trust as an Instrument of Commerce*, 77 Yale L.J.165 (1997).

John H.Langbein, *Questioning the Trust Law Duty of Loyalty : Sole Interest or Best Interest*, 114 Yale L.J.929 (2004).

John P.Fowler, Garret Satton, *Uses of Nevada Business Trusts*, 10 Nevada Lawyer 12 (2002).

Jonathan R.Marcy, *Private Trusts for The Provision of Private Goods*, 37 Emory L.J. 295 (1988).

Joseph Shade, Business Associations (3rd ed., West, 2010).

Marcel Kahan & Ehud Kamar, *The Myth of State Competition in Corporate Law*, 55

主要参照文献

Stan.L.R.679（2002）.
Margaret M.Blair, *Locking in Capital : What Corporate Law achieved for Business Organizer in the Nineteen Century*, 51 UCLA L.Rev.387（2003）.
Nathan Isaacs, *Trusteeship in Modern Business*, 42 Harv.L.Rev.1048（1929）.
Norwood P.Beveridge Jr., *Does a Corporation's Board of directors Owe a Fiduciary Duty to its Creditors?* 25 St.Mary's L.J. 589（1994）.
Parker, *REIT trustees and the Independent Contracter*, 48 Va.L.Rev.1048（1962）.
Robert Cooter & Bradley J.Freedman, *The Fiduciary Relationship : Its Economic Character and Legal Consequences*, 66 N.Y.U.L.rev. 1045（1991）.
Rovert H.Sitkoff, *Trust law, Corporate Law, and Capital Market Efficiency*, 28 J.Corp. L.565（2003）.
Robert H.Sitkoff, *An Agency Cost Theory of Trust Law*, 89 Cornell L.Rev. 621（2004）.
Robert H.Sitkoff, *Trust as "Uncorporation" : a research agenda*, 2005 U.Ill.L.Rev.31（2005）.
Robert H.Sitkoff & Jonathan Klick, *Agency Cost, Charitable Trusts, and Corporate Control : Evidence from Harshey's Kiss-off*, 108 Colum.L.Rev. 749（2008）.
Robert S.Stevens, *Limited Liability in Business Trusts*, 7 Cornell L.Q.116（1921）.
Rottschaefer, *Massachusetts Trust Under Federal Tax Law*, 25 Colum.L.Rev.305（1925）.
Scott, Austin W. & Fratcher, William F., The Law of Trusts（4th ed., Little Brown 1987）.
Sheldon A.Jones et al., *Massachusetts Business Trust and Registered Investment Companies*, 13 Delaware J.C.L.421（1988）.
S.R.Wrightington, *Voluntary Associations in Massachusetts*, 21 Yale L.J.311（1911）.
Tamar Frankel, *The Delaware Business Trust act failure as the new corporate law*, 23CardozoL.Rev.325（2001）.
Wilgus,H.L., *Corporations and Express Trusts as Business Organizations*, 13 Michigan L.Rev.73（1914）.
William B.Dockeser, *Real Estate Investment Trusts; an Old Business Form Revitalised*, 17 U.Miami L.Rev.115（1962）.
Wrightington, S.R., The Law of Unincorporated Association and Business Trusts（2nd ed., Little Brown, 1923）.

日本文献

相澤哲・葉玉匡美・郡谷大輔編『論点解説新・会社法』（商事法務，2006年）
新井誠『信託法』［第3版］（有斐閣，2008年）
新井誠「信託法の展望」『信託法制の展望』（日本評論社，2011年）
新井誠『キーワードでよむ信託法』（有斐閣，2007年）

主要参照文献

有吉尚哉「証券化のビークルとしてのデラウェア州のスタチュートリ・トラストの特性——新信託法における柔軟性と比較して——」クレジット研究第39号84頁（2007年）
井上聡『新しい信託30講』（弘文堂，2007年）
井上聡「信託と金融」『信託法制の展望』（日本評論社，2011年）
井元浩史「信託財産による事業の経営について」信託法研究6号（1982年）
海原文雄「ビジネストラストの法的地位」『英米信託法の諸問題・下巻』（信山社，1993年）
海原文雄「ビジネストラストにおける受益者の責任」『英米信託法の諸問題・下巻』（信山社，1993年）
海原文雄「ビジネストラストの団体性と課税の問題」『英米信託法の諸問題・下巻』（信山社，1993年）
海原文雄『英米信託法概論』（有信堂，1998年）
江頭憲治郎「企業の法人格」『現代企業法講座第2巻 企業組織』（東京大学出版会，1985年）
大阪谷公雄「株券振替決済制度と信託法理」商事法務研究314号（1972年）
大隅健一郎『新版株式会社法変遷論』（有斐閣，1987年）
大海徹「資産の流動化・証券化における信託の役割」信託法研究18号（1994年）
小野傑「信託実務の課題」『信託法制の展望』（日本評論社，2011年）
神作裕之「資産流動化と信託」ジュリスト1164号
神田秀樹「商事信託の法理について」信託法研究22号（1998年）
神田秀樹「信託業に関する法制のあり方」ジュリスト1164号
神田秀樹「商事信託法の展望」『信託法制の展望』（日本評論社，2011年）
神田秀樹『会社法（第十版）』（弘文堂，2008年）
木内宣彦「株主総代会と株主機能の回生」『企業法学の理論』（新青出版，1996年）
木下毅「英米信託法の基本的構造」信託法研究6号（1982年）
木村仁「委託者の意思と信託の変更について」信託法研究33号（2008年）
金融審議会「投資信託・投資法人法制の見直しに関するワーキング・グループ中間論点整理」（2012年7月）
工藤聡一『ビジネストラスト法の研究』（信山社，2007年）
工藤聡一「アメリカ信託法における制定法化の進展」『信託法制の展望』（日本評論社，2011年）
工藤聡一「自己信託・事業信託」『コンメンタール信託法』（ぎょうせい，2008年）
久保淳一「金融実務における受託者の義務と責任の多様化」信託法研究26号（2001年）
河内宏『権利能力なき社団・財団の判例総合解説』（信山社，2004年）
四宮和夫『信託法』［新版］（有斐閣，1989年）
商事信託研究会『商事信託法の研究——商事信託法要綱およびその説明』（有斐閣，2001

主要参照文献

　　年）
新堂幸司「山本意見書に対する見解書」金法1649号（2002年）
鈴木正具・大串淳子編『コンメンタール信託法』（ぎょうせい，2008年）
武井一浩・上野元・有吉尚哉「事業信託と会社分割・経営委任との相違点」商事法務1821号（2008年）
田中和明『新信託法と信託実務』（清文社，2007年）
寺本振透『解説新信託法』（弘文堂，2007年）
道垣内弘人『信託法理と私法体系』（有斐閣，1996年）
時友聡朗「信託を利用した資産流動化・証券化に関する一考察」信託法研究19号（1995年）
富田仁『信託の構造と信託契約』（酒井書店，2006年）
並木俊守『アメリカにおける取締役の経営責任の法理』（中央経済社，1983年）
新家寛・上野元『REITのすべて』（民事法研究会，2012年）
能見善久『現代信託法』（有斐閣，2004年）
樋口範雄『フィデュシャリー［信認］の時代』（有斐閣，1999年）
樋口範雄「信託と契約」信託法研究21号（1997年）
平野嘉秋『不動産証券化の法務と税務』（税務経理協会，2000年）
福島量一『貸付信託法』（日本評論社，1953年）
福田政之・池袋真実・大矢一郎・月岡崇『詳解新信託法』（清文社，2007年）
星野豊『信託法理論の形成と応用』（信山社，2004年）
星野豊『信託法』（信山社，2011年）
本間輝雄『英米会社法の基礎理論』（有斐閣，1986年）
前田重行「株主の企業支配と監督」『現代企業法講座第3巻・企業運営』（東京大学出版会，1985年）
松尾弘『民法の体系──市民法の基礎──（第3版）』（慶應義塾大学出版会，2003年）
みずほ信託銀行編『債権流動化の法務と実務』（きんざい，2007年）
村松秀樹・宮澤賢一郎・鈴木秀昭・三木原聡『概説新信託法』（きんざい，2008年）
森田果「組織法の中の信託」信託法研究29号（2004年）
山田卓生・河内宏・安永正昭・松久三四郎『民法Ⅰ総則（第2版）』（有斐閣，1995年）
山本和彦「マイカル証券化スキームの更生手続における処遇について」金法1653号（2002年）
山本克己「マイカル・グループの不動産証券化についての意見書の概要」金法1646号（2002年）

主要判例一覧

Adler v. Svingos, 436 N.Y.S. 2d 719（App.Div.1981）.
Barkhausen v. Continental Nat.Bank & Trust Co., 3 Ill.2d.254（1954）.
Benintendi v. Kenton Hotel, 60 N.E. 2d 829（N.Y.1945）.
City of Sturgis v. Meade County Bank, 38 S.D.317, 161 N.W.327（1917）.
Clafrin v. Clafrin, 20 N.E. 454（Mass. 1889）.
Collector of Internal Revenue v. Main Street Bank, 174 F.2d 425（1949）.
Crocker v. Malley, 249 U.S. 223, 39 S.Ct.270, 2 A.L.R.1601（1919）.
Douglass v.Safe Deposit & Trust Co., 159 Md.81（1930）.
Frost v. Thompson, 219 Mass. 360, 106 N.E. 1009（1914）.
George M. Flint v. Edmund D.Codman, 247 Mass.463, 142 N.E.256（1923）.
Giant Auto Parts Ltd. v. Commissioner, 13 T.C.307（1949）.
Goldwater v. Oltman, 210 Cal.408（1930）.
Greco v. Hubbard, 252 Mass.37（1925）.
Hecht v. Malley, 265 U.S.144, 44 S.Ct.462, 68 L.Ed.949（1923）.
Henry S.Howe v. Charles W.Morse, 174 Mass.491, 55 N.E.213（1898）.
Home Lumber Co. v. Hopkins, 107 Kan. 153, 190 P. 601, 10 A.L.R. 879（1920）.
Howard A.Kurzner v. United States of America, 413 F.2d 97（5th Cir.1969）.
Hussey v. Arnold, 185 Mass.202（1904）.
In re Dolton Lodge Trust No.35188, 22 B.R.918（1982）.
In re Dreske Greenway Trust, 14 B.R.618（1981）.
In re John C.Mosby, 46 B.R.175（1985）.
In re Estate of Halas, 568 N.E.2d 170, 178（Ill. App.Ct. 1991）.
In re Heritage North Dunlap Trust, 120 B.R.252（1990）.
In re Krause's Estate, 172 N.W.2d 468, 470（Mich. Ct.App. 1969）.
In re L&V Realty Trust, 61 B.R. 423（1986）.
In re Medallion Realty Trust, 103 B.R.8（1989）.
In re Secured Equipment Trust of Eastern Air Lines, Inc., 38 F.3d 86（2d Cir.1994）.
In re Treasure Island Land Trust, 2 B.R.332（1980）.
In re Unversal Clearing House Co., 60 B.R.985（1986）.
In re Vivian A.Skaife Irrevocable Trust, 90 B.R.325, 328（1988）.
In the Matter of Betty L.Hays Trust, 65 B.R.665（1986）.
In the Matter of Norman Cohen, 4 B.R.201（1980）.
J.Murray Howe v. Henry H.Chmielinski & another, 237 Mass.532, 130 N.E.56（1921）.
John C.Gudzan v. Common wealth of Pennsylvania, 962 A.2d 718（2006）.

203

主要判例一覧

kornbau v. Evans, 66 Cal.App.2d 677, 152 P.2d 651（1944）.
Kosco v. Commonwealth of Pennsylvania, 987 A.2d 181（2009）.
ManhattanOil Co. v. Gill, 118 N.Y.App.Div.17（1907）.
Mayo v. Moritz, 151 Mass.481, 24 N.E.1083（1890）.
McKay v. Atwood, 10 F.Supp.475（1934）.
Morrissey v. Commissioner, 296 U.S.344, 56 S.Ct.289, 80 L.Ed.263（1935）.
National City Bank v. First National Bank, 19 S.E.2d 19, 26-27（Ga. 1942）.
Neville v. Gifford, 242 Mass.124, 136 N.E.160（1922）.
Pelton et al. v. Commissioner, 82 F.2d 473（7th Cir.1936）.
Phillips v.Blatchford, 137 Mass.510（1884）.
Phillips G.Larson,et al. v. Commissioner, 66 T.C.159（1976）.
Pope & Cottle Co. v. Fairbanks Realty Trust, 124 F.2d 132（1941）.
Povey v. Colonial Beacon Oil Co.,294 Mass.86, 200 N.E.891（1936）.
Priestly v. Burrill, 230 Mass.452, 120 N.E.100（1918）.
Rhode Island Hospital Trust Co. v. Copeland, 39 R.I.193（1916）.
Southeast Village Assocs. v. Health Management Assocs., Inc., 92 Ill.App.3d 810（1981）.
Spotswood v.Morris, 12 Idaho.360（1906）.
State Street Trust Company & others v. John L.Hall & others, 311 Mass.299, 41 N.E.2d 30（1942）.
Steuber v. O'Keefe, 16 F.Supp. 97（1936）.
Taylor v. Davis, 110 U.S.330, 4 S.Ct.147（1884）.
The First National Bank of New Bedford v. Simeon Chartier, 305 Mass.316, 25 N.E.2d 733（1940）.
Thompson H.Peterson v. Howard C.Hopson, 306 Mass.597, 29 N.E.2d.140（1940）.
Thompson v. Schmitt, 115 Tex. 53, 274 S.W. 554（1925）.
United States of America v. Arthur R.Kinter, 216 F.2d 418（9th Cir.1954）.
Viser v. Bertrand, 16 Ark.296（1855）.
Wells v. Mackey Telegraph-Cable co., 239 S.W. 1001（Tex.App.1922）.
Wells-Stone Mercantile Co.v. Grover, 7 N.D.460（1898）.
Williams v. Boston, 208 Mass.497, 94 N.E. 808（1911）.
William v. Johnson, 208 Mass.544（1911）.
Williams v.Milton, 215 Mass.1, 102 N.E.355（1913）.
Wood Song Village Trust v. Commissioner, 74 T.C 1266（1980）.
Zion v. Kurtz, 405 N.E. 2d 681（N.Y.1980）.

● 索　引 ●

あ行

委託者·· 4, 51
　　──の意思································· 153
　　──の権利································· 154
　　──の地位の移転························ 150
委託者意思普遍説································ 168
委託者意思変更説································ 168
委託者地位消極説································ 172
委託者地位積極説································ 172
一般信託·· 46, 85
永久拘束禁止則··································· 166
営業信託·· 127
営利団体（association）························ 34
エクイティ上の権利······························ 83
LLC（Limited Liability Company）··· 66
オペレーション・テスト······················· 34
オリジネータ····································· 102

か行

会社代替基準····································· 122
会社法理·· 112
会社類似性基準····································· 37
過半数ルール····································· 117
株　主·· 115
監　事·· 196
監督機関·· 112
管理者·· 117
機関をもたない組織形態····················· 115
寄託（bailment）································· 81
狭義の受益権説··································· 189
強行規定··· 75
拒否権付種類株式······························· 182
組　合·· 25, 109
クラフリン・ルール··························· 167
契約の把握······························ 88, 176, 178

契約法理による規範···························· 195
限定責任信託····································· 147
権利能力なき財団······························· 177
権利能力なき社団······························· 177
広義の受益権説··································· 189
合同会社·· 6, 182
公平取引義務（duty of fair dealing）··· 108
コモン・ロー・トラスト······················ 71
コントロール・テスト························· 29

さ行

債権説······································ 138, 175
財産権（property）····························· 139
財産の出捐者····································· 158
財団構成説·· 197
財団的把握モデル······························· 197
債務（debt）······································· 82
事業承継対策····································· 132
事業信託·· 128
事業組織··· 3
自己信託·· 129
事後的措置（ex post）·························· 98
資産証券化··· 27
資産流動化··· 57
市場の評価·· 108
執行機関·· 115
資本市場効率化仮説（Efficiency
　Capital Market Hypothesis）········ 96
社団構成説·· 197
修正譲渡性（modified transferability）··· 41
集団自治の法理··································· 137
集団的信託·· 141
受益権取得請求権································ 190
受益権のクラス分け······························ 65
受益者·· 5, 139
　　──の救済······································ 89

索　引

──のクラス分け……………65
──の結合関係……………30
──の支配権………………32
──の自由譲渡性…………38
──の不特定多数化………86
──の有限責任……………29
受益者集会……………………181
受益者保護……………………187
受益証券発行信託……………148
受託者………………5, 35, 118
──による集中経営………38
──の意思…………………193
──の機関化（institutional）……91
──の信認義務……………77
──の信認義務緩和………190
──の役割………107, 136
──への牽制体制…………194
受託者業務の再委任…………108
受託者連続型信託……………169
出資者対経営者の二極構造…121
種類株式代替手法……………133
ジョイント・ストック・カンパニー……19
消極財産………………………129
商事信託…………………80, 127
所有権（ownership）………139
シリーズ受託者………………118
信託財産…………………87, 119
信託財産実質法主体性説…139, 175
信託条項………………………85
信託証書（certificate of trust）……73
信託の基本構造………………142
信託の変更……………………170
信託文書（trust instrument）……73
信託法……………………………7
信託法理………………………106
信託目的………………36, 85, 152
──の恒久性……………185
信託目的設定者………………158
信認義務…………………108, 120

スタチュートリ・トラスト…71
製造会社法……………………16
贈与型信託……………………92
組織の永続性…………………19
訴訟の主体性…………………109
損害賠償請求（damage）……89

た行

代理（agency）………………81
代理コスト（agency）………94
団体的把握…………96, 176, 181
団体的把握モデル……………197
注意義務………………………64
忠実義務………………………64
撤回可能信託…………………192
デフォルト・ルール…………112
デラウェア州制定法…………60
統一 LLC 法（Revised Uniform Limited Liability Company Act (2006)）……………………110
統一州法委員全国会議（National Conference of Commissioners on Uniform State Laws）………72
統一信託法典…………………79
統一スタチュートリ・トラスト法（Uniform Statutory Trust Entity Act of 2009）………………58
統括文書………………………74
倒産隔離性……………………102
投資会社………………………53
当事者機関化基準……………123
投資信託および投資法人に関する法律……7
投資法人………………………138
特定履行（specific performance）……89
特別目的会社（Special Purpose Company）……………………3
特別目的事業体（Special Purpose Vehicle）…………………102
独立実体（entity）………73, 185

206

索　引

特許状（charter） ………………………… *15*
取締役会 …………………………………… *115*
取引コスト（transaction cost） ………… *94*

は行

ビークル（Vehicle） ……………………… *55*
ビジネストラスト ……………………… *22, 81*
　　――の結合概念 ……………………… *50*
　　――の本質的要素 ………………… *136*
　　――への基盤的特性 ……………… *140*
物権説 ……………………………………… *139*
不動産投資運用契約（Real Estate
　Management Investment Contract） … *98*
不動産投資法人 ………………………… *198*
ブリッジ型承継モデル ………………… *134*
閉鎖会社（Close Corporation） ………… *95*
法人格なき団体 …………………………… *25*
法人化されていない団体
　（unincorporated association） ………… *61*
法人擬制説（Aggregate theory） ………… *90*
法人実在説（entity theory） ……………… *90*
泡沫条例 …………………………………… *22*

ま行

マーケットの意思 ……………………… *157*
満場一致ルール ………………………… *106*
ミューチュアル・ファンド ……………… *57*
民事信託 ………………………………… *127*
無限責任法 ………………………………… *17*
名目的信託（nominee） ………………… *44*
目的信託 ………………………………… *169*
模範会社法（Model Business
　Corporation Act） ……………………… *76*

や行

有限責任性 ………………………………… *21*
予防的措置（ex ante） …………………… *98*

ら行

利益（interest） ………………………… *139*
リステイトメント ………………………… *79*
立体的な三極構造 ……………………… *122*
流動化法 …………………………………… *4*
REIT（不動産投資信託 Real Estate
　Investment Trust） ……………………… *44*

〈著者紹介〉

木内 清章 （きうち せいしょう）
　1962年　東京都生まれ
　1985-2005年　日本債券信用銀行
　2013年　関東学院大学大学院法学研究科修了
　　　　　博士（法学）

〔主要業績〕
「教育資金贈与預金契約の問題点」（銀行法務21, 2013年7月号）

学術選書
137
商事信託法

✿✤✿

商事信託の組織と法理

2014（平成26）年3月28日　第1版第1刷発行
6737：P224　¥6000E-012-050-005

著　者　木　内　清　章
発行者　今井　貴　稲葉文子
発行所　株式会社　信山社
〒113-0033　東京都文京区本郷6-2-9-102
Tel 03-3818-1019　Fax 03-3818-0344
henshu@shinzansha.co.jp
笠間才木支店　〒309-1611　茨城県笠間市笠間515-3
Tel 0296-71-9081　Fax 0296-71-9082
笠間来栖支店　〒309-1625　茨城県笠間市来栖2345-1
Tel 0296-71-0215　Fax 0296-72-5410
出版契約 2014-6737-2-01011　Printed in Japan

ⓒ木内清章, 2014　印刷・製本／ワイズ書籍 Miyaz・牧製本
ISBN978-4-7972-6737-2 C3332　分類324.552

JCOPY　〈(社)出版者著作権管理機構　委託出版物〉
本書の無断複写は著作権法上での例外を除き禁じられています。複写される場合は、そのつど事前に、(社)出版者著作権管理機構（電話03-3513-6969, FAX 03-3513-6979, e-mail: info@jcopy.or.jp）の許諾を得てください。

学術選書

太田　勝造	1	民事紛争解決手続論	6,800	円
棟居　快行	3	人権論の新構成	8,800	円
山口　浩一郎	4	労災補償の諸問題〔増補版〕	8,800	円
神橋　一彦	7	行政訴訟と権利論〔新装版〕	8,800	円
赤坂　正浩	8	立憲国家と憲法変遷	12,800	円
山内　敏弘	9	立憲平和主義と有事法の展開	8,800	円
岡本　詔治	11	隣地通行権の理論と裁判〔増補版〕	9,800	円
岩田　太	15	陪審と死刑	10,000	円
石黒　一憲	16	国際倒産 vs. 国際課税	12,000	円
中東　正文	17	企業結合法制の理論	8,800	円
山田　洋	18	ドイツ環境行政法と欧州	5,800	円
深川　裕佳	19	相殺の担保的機能	8,800	円
徳田　和幸	20	複雑訴訟の基礎理論	11,000	円
貝瀬　幸雄	21	普遍比較法学の復権	5,800	円
田村　精一	22	国際私法及び親族法	9,800	円
鳥谷部　茂	23	非典型担保の法理	8,800	円
並木　茂	24	要件事実論概説　契約法	9,800	円
並木　茂	25	要件事実論概説 II	9,600	円
新田　秀樹	26	国民健康保険の保険者	6,800	円
吉田　宣之	27	違法性阻却原理としての新目的説	8,800	円
戸部　真澄	28	不確実性の法的制御	8,800	円

信山社

（価格は税別）

学術選書

広瀬　善男	29	外交的保護と国家責任の国際法	12,000 円
申　惠丰	30	人権条約の現代的展開	5,000 円
野澤　正充	31	民法学と消費者法学の軌跡	6,800 円
半田　吉信	32	ドイツ新債務法と民法改正	8,800 円
潮見　佳男	33	債務不履行の救済法理	8,800 円
椎橋　隆幸	34	刑事訴訟法の理論的展開	12,000 円
和田　幹彦	35	家制度の廃止	12,000 円
甲斐　素直	36	人権論の間隙	10,000 円
岡本　詔治	39	通行権裁判の現代的課題	9,800 円
王　冷然	40	適合性原則と私法秩序	7,500 円
吉村　德重	41	民事判決効の理論（上）	8,800 円
吉村　德重	42	民事判決効の理論（下）	9,800 円
吉村　德重	43	比較民事手続法	14,000 円
吉村　德重	44	民事紛争処理手続	13,000 円
道幸　哲也	45	労働組合の変貌と労使関係法	8,800 円
伊奈川　秀和	46	フランス社会保障法の権利構造	13,800 円
横田　光平	47	子ども法の基本構造	10,476 円
三宅　雄彦	49	憲法学の倫理的転回	8,800 円
小宮　文人	50	雇用終了の法理	8,800 円
髙野　耕一	52	家事調停論〔増補版〕	12,000 円
阪本　昌成	53	表現権理論	8,800 円

信山社

（価格は税別）

学術選書

大西　育子	54	商標権侵害と商標的使用	8,800円
山川　洋一郎	55	報道の自由	9,800円
兼平　裕子	56	低炭素社会の法政策理論	6,800円
西土　彰一郎	57	放送の自由の基層	9,800円
木村　弘之亮	58	所得支援給付法	12,800円
畑　安次	59	18世紀フランスの憲法思想とその実践	9,800円
髙橋　信隆	60	環境行政法の構造と理論	12,000円
大和田　敢太	61	労働者代表制度と団結権保障	9,800円
田村　耕一	62	所有権留保の法理	9,800円
金　彦叔	63	国際知的財産権保護と法の抵触	9,800円
原田　久	64	広範囲応答型の官僚制	5,200円
森本　正崇	65	武器輸出三原則	9,800円
冨永　千里	66	英国M&A法制における株主保護	9,800円
大日方　信春	67	著作権と憲法理論	8,800円
黒澤　満	68	核軍縮と世界平和	8,800円
中西　俊二	70	詐害行為取消権の法理	12,000円
遠藤　博也	71	行政法学の方法と対象 行政法研究Ⅰ	12,000円
遠藤　博也	72	行政過程論・計画行政法 行政法研究Ⅱ	14,000円
遠藤　博也	73	行政救済法 行政法研究Ⅲ	12,000円
遠藤　博也	74	国家論の研究	8,000円
		―イェシュ、ホッブズ、ロック― 行政法研究Ⅳ	

信山社

（価格は税別）

学術選書

著者	番号	タイトル	価格
小梁 吉章	75	フランス信託法	8,800 円
山内 惟介	77	21世紀国際私法の課題	7,800 円
大澤 恒夫	78	対話が創る弁護士活動	6,800 円
鈴木 正裕	79	近代民事訴訟法史・ドイツ	8,500 円
籾岡 宏成	80	アメリカ懲罰賠償法	6,800 円
徐 婉寧	81	ストレス性疾患と労災救済	8,800 円
石崎 浩	82	公的年金制度の再構築	8,800 円
岡本 詔治	84	婚約・婚姻予約法の理論と裁判	12,800 円
神吉 知郁子	85	最低賃金と最低生活保障の法規制	8,800 円
秋田 成就	87-1	雇用関係法Ⅰ―労働法研究（上）	15,000 円
吉岡 すずか	87-2	法的支援ネットワーク	8,800 円
村瀬 信也	89	国際法論集	8,800 円
棟居 快行	90	憲法学の可能性	6,800 円
秋田 成就	95	労使関係法Ⅰ―労働法研究（下）-1	10,000 円
秋田 成就	96	労使関係法Ⅱ・比較法―労働法研究（下）-2	11,000 円
深川 裕佳	97	多数当事者間相殺の研究	5,800 円
朱 大明	98	支配株主規制の研究	9,800 円
平林 英勝	99	独占禁止法の歴史（上）	12,000 円
宮田 三郎	100	行政裁量とその統制密度〔増補版〕	6,800 円
小野 秀誠	102	民法の体系と変動	12,000 円

信山社

（価格は税別）

── 学術選書 ──

徳本 鎭	103	鉱害賠償責任の実体的研究	8,800 円
金 文静	104	中国動産抵当制度	8,800 円
濱 秀和	105	行政訴訟の実践的課題	9,800 円
瀬岡 直	106	国際連合における拒否権の意義と限界	5,600 円
白石 友行	107	契約不履行法の理論	19,800 円
森村 進	109	リバタリアンはこう考える	10,000 円
姜 雪蓮	110	信託における忠実義務の展開と機能	9,800 円
中西 優美子	114	EU権限の法構造	8,800 円
深澤 龍一郎	115	裁量統制の法理と展開	8,800 円
山﨑 文夫	116	セクシュアル・ハラスメント法理の諸展開	7,800 円
古賀 正義	117	現代社会と弁護士	7,800 円
山田 洋	120	リスクと協働の行政法	6,800 円
西村 淳	124	所得保障の法的構造	8,800 円
手塚 貴大	125	租税政策の形成と租税立法	9,800 円
東澤 靖	127	国際刑事裁判所と人権保障	6,800 円

── 信山社 ──

（価格は税別）